Norman George

Die perfekten englischen Zitate

Norman George

DIE PERFEKTEN ENGLISCHEN ZITATE

Von Jane Austen bis Oscar Wilde

marixverlag

FSC
Mix
Produktgruppe aus vorbildlich
bewirtschafteten Wäldern und
anderen kontrollierten Herkünften

Zert.-Nr. SGS-COC-1940
www.fsc.org
© 1996 Forest Stewardship Council

Covergestaltung: Thomas Jarzina, Köln
Lektorat: Katharina Maier, Augsburg

Bildnachweis: © Rupert Horrox/CORBIS
Satz und Bearbeitung: C&H Typo-Grafik, Miesbach
Gesamtherstellung: GGP Media GmbH, Pößneck
Printed in Germany

ISBN: 978-3-86539-114-8

www.marixverlag.de

Inhalt

A

I've noticed that everybody who is for *abortion* has already been born.

RONALD REAGAN

Ich habe festgestellt, dass jeder, der für Abtreibung ist, bereits geboren wurde.

Acceptance is such an important commodity, some have called it "the first law of personal growth".

PETER MCWILLIAMS

Anerkennung ist ein so wichtiges Gut, manche nannten es „das erste Gesetz der persönlichen Entwicklung".

Even a mistake may turn out to be the one thing necessary to a worthwhile *achievement*.

HENRY FORD

Sogar ein Fehler mag sich als genau das erweisen, was für eine lohnende Errungenschaft nötig ist.

There's a lot of people who want me to get out of *acting* and want me to run for governor. I think it's mostly movie critics.

ARNOLD SCHWARZENEGGER

Es gibt viele Leute, die wollen, dass ich mit der Schauspielerei aufhöre und als Gouverneur kandidiere. Ich glaube, die meisten sind Filmkritiker.

Acting is a nice childish profession – pretending you're someone else and at the same time selling yourself.

KATHARINE HEPBURN

Die Schauspielerei ist ein schöner, kindischer Beruf – du gibst vor, jemand anderes zu sein, und gleichzeitig verkaufst du dich.

Never confuse motion with *action*.

BENJAMIN FRANKLIN

Verwechsle niemals Bewegung mit Handlung.

Happiness is not achieved by the conscious pursuit of happiness; it is generally the by-product of other *activities*.

ALDOUS HUXLEY

Glück wird nicht durch bewusstes Verfolgen des Glücks erreicht; es ist normalerweise ein Nebenprodukt anderer Aktivitäten.

I never said *actors* were cattle. I said that actors should be treated like cattle.

ALFRED HITCHCOCK

Ich habe nie gesagt, dass Schauspieler Vieh sind. Ich habe gesagt, Schauspieler sollten wie Vieh behandelt werden.

Bad *administration*, to be sure, can destroy good policy; but good administration can never save bad policy.

ADLAI STEVENSON

Eine schlechte Verwaltung kann sicherlich gute Politik zunichtemachen; doch eine gute Verwaltung kann niemals schlechte Politik ausbügeln.

You can fool all of the people all of the time if the *advertising* is right and the budget is big enough.

JOSEPH E. LEVINE

Man kann alle Menschen zu jeder Zeit für dumm verkaufen, wenn die Werbung gut und das Budget groß genug ist.

Advertising is 85% confusion and 15% commission.

FRED ALLEN

Werbung ist 85% Konfusion und 15% Kommission.

Half of the money I spend on *advertising* is wasted, and the trouble is I don't know which half.

LORD LEVERHULME

Die Hälfte des Geldes, das ich für Werbung ausgebe, ist verschwendet; das Problem ist nur, dass ich nicht weiß, welche Hälfte.

Advertising is a valuable economic factor because it is the cheapest way of selling goods, especially if the goods are worthless.

SINCLAIR LEWIS

Die Werbung ist ein wertvoller Wirtschaftsfaktor, weil sie der billigste Weg ist, Waren zu verkaufen, insbesondere wenn diese Waren wertlos sind.

You can tell the ideals of a nation by its *advertisements*.

NORMAN DOUGLAS

Man kann die Ideale einer Nation an ihrer Werbung erkennen.

I always pass on good *advice*. It is the only thing to do with it. It is never any use to oneself.

OSCAR WILDE

Ich gebe einen guten Rat immer weiter. Das ist das einzige, was man mit ihm tun kann. Er ist nie von Nutzen für einen selbst.

Talk not of wasted *affection*; affection never was wasted.

HENRY WADSWORTH LONGFELLOW

Sprich nicht von verschwendeter Zuneigung; Zuneigung wurde noch nie verschwendet.

I don't believe in an *afterlife*, although I am bringing a change of underwear.

WOODY ALLEN

Ich glaube nicht an ein Leben nach dem Tod, obwohl ich ein Paar Unterhosen zum Wechseln mitnehmen werde.

I'm at the *age* now where just putting my cigar in its holder is a thrill.

GEORGE BURNS

Ich bin jetzt in einem Alter, in dem es schon erregend ist, eine Zigarre in ihren Halter zu stecken.

At my *age* I do what Mark Twain did. I get my daily paper, look at the obituaries page and if I'm not there I carry on as usual.

PATRICK MOORE

In meinem Alter tue ich, was Mark Twain getan hat. Ich lese meine Tageszeitung, schaue mir die Todesanzeigen an, und wenn ich nicht dabei bin, mache ich weiter wie immer.

We live in an *age* when pizza gets to your home before the police.

JEFF MARDER

Wir leben in einer Zeit, in der die Pizza schneller bei dir zu Hause eintrifft als die Polizei.

When everything seems to be going against you, remember that the *airplane* takes off against the wind, not with it.

HENRY FORD

Wenn alles gegen dich zu sein scheint, erinnere dich daran, dass ein Flugzeug gegen den Wind startet, nicht mit ihm.

I have taken more out of *alcohol* than alcohol has taken out of me.

SIR WINSTON CHURCHILL

Alkohol hat mir mehr gegeben als Alkohol mich gekostet hat.

It's better to be *alone* than in bad company.

GEORGE WASHINGTON

Es ist besser, allein zu sein, als in schlechter Gesellschaft.

Ambition is the last refuge of failure.

OSCAR WILDE

Ehrgeiz ist die letzte Zuflucht des Misserfolgs.

We have really erverything in common with *Amercia* nowadays except, of course, language.

Oscar Wilde

Wir haben heute mit Amerika wirklich alles gemeinsam, außer, natürlich, der Sprache.

America, I've given you all and now I'm nothing.

Allen Ginsberg

Amerika, ich habe dir alles gegeben, und nun bin ich nichts.

I am *America*. I am the part you won't recognize. But get used to me. Black, confident, cocky; my name, not yours; my religion, not yours; my goals, my own; get used to me.

Muhammad Ali

Ich bin Amerika. Ich bin der Teil, den Sie nicht anerkennen werden. Aber gewöhnen Sie sich an mich. Schwarz, selbstbewusst, großspurig; mein Name, nicht der Ihre; meine Religion, nicht die Ihre; meine Ziele, meine eigenen; gewöhnen Sie sich an mich!

America – a country that has leapt from barbarism to decadence without touching civilization.

John O' Hara

Amerika: ein Land, dass von der Barbarei zur Dekadenz gesprungen ist, ohne die Zivilisation zu berühren.

America is the land of wide lawns and narrow minds.

ERNEST HEMINGWAY

Amerika ist das Land der weiten Rasenflächen und der begrenzten Geister.

The youth of *America* is their oldest tradition. It has been going on now for three hundred years.

OSCAR WILDE

Amerikas älteste Tradition ist seine Jugend. Sie hält nun schon seit dreihundert Jahren an.

The thing that impresses me most about *America* is the way parents obey their children.

EDWARD VIII.

Das, was mich an Amerika am meisten beeindruckt, ist die Art und Weise, wie die Eltern ihren Kindern gehorchen.

America is a vast conspiracy to make you happy.

JOHN UPDIKE

Amerika ist eine gewaltige Verschwörung mit dem Ziel, dich glücklich zu machen.

It is a part of the *American* character to consider nothing as desperate – to surmount every difficulty by resolution and contrivance.

THOMAS JEFFERSON

Es ist Teil des amerikanischen Charakters, nichts als hoffnungslos zu erachten, sondern jede Schwierigkeit mit Entschlossenheit und Erfindungsgabe zu überwinden.

Half of the *American* people never read a newspaper. Half never voted for President. One hopes it is the same half.

GORE VIDAL

Die Hälfte der Amerikaner hat noch nie eine Zeitung gelesen. Die Hälfte hat noch nie an der Wahl des Präsidenten teilgenommen. Man kann nur hoffen, dass es dieselbe Hälfte ist.

Very little is known about the War of 1812 because the *Americans* lost it.

ERIC NICOL

Man weiß nur wenig über den Krieg von 1812, weil die Amerikaner ihn verloren haben.

Amusement is the happiness of those who cannot think.

ALEXANDER POPE

Das Amüsement ist das Glück derer, die nicht denken können.

Freedom and not servitude is the cure of *anarchy;* as religion, and not atheism, is the true remedy for superstition.

EDMUND BURKE

Freiheit und nicht Knechtschaft ist das Heilmittel gegen Anarchie, so wie die Religion und nicht der Atheismus das wahre Heilmittel gegen den Aberglauben ist.

Whatever is begun in *anger* ends in shame.

BENJAMIN FRANKLIN

Was in Wut begonnen, endet in Scham.

Anger is a momentary madness, so control your passion or it will control you.

G.M. TREVELYAN

Wut ist kurzzeitiger Wahnsinn, daher kontrolliere deine Leidenschaft, oder sie wird dich kontrollieren.

The best thing about *animals* is that they don't talk much.

THORNTON WILDER

Das Beste an Tieren ist, dass sie nicht viel reden.

If there is anything in the world more *annoying* than having people talk about you, it is certainly having no-one talk about you.

OSCAR WILDE

Wenn es auf dieser Welt etwas Ärgerlicheres gibt als wenn die Leute über dich reden, so ist es sicherlich, wenn keiner über dich redet.

Power is a great *aphrodisiac.*

HENRY KISSINGER

Macht ist ein großer Liebestrank.

An *appeaser* is one who feeds a crocodile hoping it will eat him last.

SIR WINSTON CHURCHILL

Ein Schlichter ist jemand, der ein Krokodil in der Hoffnung füttert, dass es ihn zuletzt frisst.

I am invariably late for *appointments* – sometimes as much as two hours. I've tried to change my ways but the things that make me late are too strong, and too pleasing.

MARILYN MONROE

Ich komme immer zu spät zu Verabredungen; manchmal sogar zwei Stunden. Ich habe versucht, mich zu ändern, doch die Dinge, die die Verspätungen verursachen, sind zu mächtig und zu schön.

An *archaeologist* is the best husband any woman can have: the older she gets, the more interested he is in her.

AGATHA CHRISTIE

Ein Archäologe ist der beste Ehemann, den eine Frau haben kann: Je älter sie wird, desto mehr Interesse zeigt er an ihr.

Architecture is the art of how to waste space.

PHILIP JOHNSON

Architektur ist die Kunst, Platz zu verschwenden.

There is always more brass than brain in an *aristocracy*.

OSCAR WILDE

In einer Aristokratie gibt es immer mehr Geld als Hirn.

If it sells, it's *art*.

FRANK LLOYD

Wenn es sich verkauft, ist es Kunst.

The more we study *art*, the less we care for nature.

OSCAR WILDE

Je mehr wir die Kunst studieren, desto weniger kümmert uns die Natur.

An intellectual says a simple thing in a hard way. An *artist* says a hard thing in a simple way.

CHARLES BUKOWSKI

Ein Intellektueller drückt etwas Einfaches kompliziert aus. Ein Künstler drückt etwas Kompliziertes einfach aus.

The true *artist* will let his wife starve, his children go barefoot, his mother drudge for his living at seventy, sooner than work at anything but his art.

GEORGE BERNARD SHAW

Der wahre Künstler wird eher seine Frau verhungern, seine Kinder barfuß gehen, seine Mutter mit Siebzig für seinen Lebensunterhalt schuften lassen, als an etwas anderem als an seiner Kunst zu arbeiten.

An *author* who speaks about his own books is almost as bad as a mother who talks about her own children.

BENJAMIN DISRAELI

Ein Autor, der über seine eigenen Bücher spricht, ist fast so schlimm wie eine Mutter, die über ihre eigenen Kinder spricht.

An *author* ought to write for the youth of his own generation, the critics of the next, and the school-masters of ever afterward.

F. SCOTT FITZGERALD

Ein Autor sollte für die Jugend seiner Generation schreiben, für die Kritiker der nächsten und für die Lehrer aller weiteren.

If every day is an *awakening*, you will never grow old. You will just keep growing.

GAIL SHEELY

Wenn jeder Tag ein Aufwachen ist, wirst du nie alt. Du wächst einfach weiter.

B

The *ballot* is stronger than the bullet.

ABRAHAM LINCOLN

Die Wahlkugel ist stärker als die Pistolenkugel.

If you owe the *bank* $100 that's your problem. If you owe the bank $100 million, that's the bank's problem

JOHN PAUL GETTY

Wenn du der Bank 100 Dollar schuldest, ist es dein Problem. Wenn du der Bank 100 Millionen Dollar schuldest, ist es das Problem der Bank.

A *bank* is a place that will lend you money if you can prove that you don't need it.

BOB HOPE

Eine Bank ist ein Ort, wo man sich Geld leihen kann, wenn man beweisen kann, dass man keines braucht.

A *bank* is a place where they lend you an umbrella in fair weather and ask for it back when it begins to rain.

ROBERT FROST

Eine Bank ist ein Ort, wo sie dir bei gutem Wetter einen Regenschirm leihen und ihn zurückverlangen, sobald es zu regnen beginnt.

A *banker* is a fellow who lends you his umbrella when the sun is shining and wants it back the minute it begins to rain.

MARK TWAIN

Ein Bankier ist einer, der dir seinen Schirm leiht, wenn die Sonne scheint, und ihn zurückhaben will, sobald es zu regnen beginnt.

You may have to fight a *battle* more than once to win it.

MARGARET THATCHER

Manchmal muss man eine Schlacht mehrmals austragen, um sie zu gewinnen.

A man may build himself a throne of *bayonets*, but he cannot sit on it.

WILLIAM RALPH INGE

Man mag sich einen Thron aus Bajonetten bauen, doch kann man nicht darauf sitzen.

To *be* or not to be: that is the question. Whether 'tis nobler in the mind to suffer the slings and arrows of outrageous fortune, or to take arms against a sea of troubles, and by opposing end them.

WILLIAM SHAKESPEARE

Sein oder Nichtsein: das ist die Frage. Ob's edler ist im Geiste, die Pfeile und Schleudern des wütenden Geschicks zu erdulden, oder, sich bewaffnend gegen ein Meer von Plagen, durch Widerstand sie zu beenden.

Grass grows, birds fly, waves pound the sand. I *beat* people up.

Muhammad Ali

Gras wächst, Vögel fliegen, Wellen schlagen an den Strand. Ich schlage Leute.

Beautiful young people are accidents of nature, but *beautiful* old people are works of art.

Eleanor Roosevelt

Schöne junge Menschen sind Launen der Natur, schöne alte Menschen hingegen sind Kunstwerke.

It is better to be *beautiful* than to be good.

Oscar Wilde

Es ist besser, schön zu sein als gut.

Beauty of whatever kind, in its supreme development, invariably excites the sensitive soul to tears.

Edgar Allan Poe

Schönheit, welcher Art auch immer, rührt in seiner höchsten Entfaltung die empfindliche Seele unweigerlich zu Tränen.

Beauty is an ecstasy; it is as simple as hunger.

W. Somerset Maugham

Schönheit ist eine Ekstase, so einfach wie Hunger.

I want to be all that I am capable of *becoming.*

KATHERINE MANSFIELD

Ich möchte all das sein, was ich zu werden fähig bin.

Beer is proof that Good loves us and wants us to be happy.

BENJAMIN FRANKLIN

Bier ist der Beweis dafür, dass Gott uns liebt und uns glücklich sehen möchte.

Some may try and tell us that this is the end of an era. But what they overlook is that in America every day is a new *beginning.*

RONALD REAGAN

Manche mögen versuchen, uns zu erzählen, dies sei das Ende einer Ära. Was sie jedoch übersehen, ist, dass in Amerika jeder Tag ein neuer Anfang ist.

I would never die for my *beliefs* because I might be wrong.

BERTRAND RUSSELL

Ich würde nie für das sterben, woran ich glaube; ich könnte ja unrecht haben.

If you *believe* the doctors, nothing is wholesome; if you believe the theologians, nothing is innocent; if you believe the military, nothing is safe.

LORD SALISBURY

Wenn man den Ärzten glaubt, ist nichts gesund; wenn man den Theologen glaubt, ist nichts unschuldig; wenn man dem Militär glaubt, ist nichts sicher.

I *believe* in you and me.

FRANK SINATRA

Ich glaube an dich und mich.

I do *believe* everything, provided it is incredible.

OSCAR WILDE

Ich glaube alles, vorausgesetzt, es ist unglaublich.

Ignorance is preferable to error; and he is less remote from truth who *believes* nothing, than he who believes what is wrong.

THOMAS JEFFERSON

Unwissenheit ist besser als Irrtum: derjenige, der an nichts glaubt, ist weniger weit von der Wahrheit entfernt, als derjenige, der an etwas Falsches glaubt.

I knew I *belonged* to the public and to the world, not because I was talented or even beautiful, but because I had never belonged to anything or anybody else.

MARYLIN MONROE

Ich wusste, dass ich der Öffentlichkeit und der Welt gehörte, nicht weil ich talentiert war oder gar schön, sondern weil ich nie jemand oder etwas anderem gehört hatte.

All free men, wherever they may live, are citizens of *Berlin*, and therefore, as a free man, I take pride in the words: Ich bin ein Berliner.

JOHN F. KENNEDY

Alle freien Menschen, wo immer sie auch leben mögen, sind Bürger von Berlin, und daher bin ich, als freier Mensch, stolz darauf, sagen zu können: Ich bin ein Berliner.

Doing the *best* at this moment puts you in the best place for the next moment.

OPRAH WINFREY

In diesem Augenblick das Beste zu tun, bringt dich in die beste Position für den nächsten Augenblick.

Big brother is watching you.

GEORGE ORWELL

Der Große Bruder beobachtet dich.

Bisexuality immediatly doubles your chances for a date on Saturday night.

WOODY ALLEN

Bisexualität verdoppelt auf Anhieb die Chancen für eine Verabredung am Samstag Abend.

If you're born in America with a *black* skin, you're born in prison.

MALCOLM X

Wenn du in Amerika mit einer schwarzen Haut geboren wirst, bist du in einem Gefängnis geboren.

Take your life in your own hands and what happens? A terrible thing: no one to *blame*.

Erica Jong

Übernehmen Sie die Verantwortung für Ihr Leben selbst – was passiert? Etwas Furchtbares: Sie können niemandem mehr die Schuld geben.

Man is the only animal that *blushes*.

Mark Twain

Der Mensch ist das einzige Tier, das errötet.

After Thirty, a *body* has a mind of ist own.

Bette Midler

Über Dreißig hat der Körper seinen eigenen Willen.

The *body* is a house with many windows: there we all sit, showing ourselves and crying on the passers-by to come and love us.

Robert Louis Stevenson

Der Körper ist ein Haus mit vielen Fenstern: da sitzen wir alle, zeigen uns und rufen den Vorbeikommenden zu, herzukommen und uns zu lieben.

When the water starts *boiling*, it is foolish to turn off the heat.

Nelson Mandela

Wenn das Wasser anfängt zu kochen, ist es dumm, die Hitze abzustellen.

Be *bold* and mighty powers will come to your aid.

BASIL KING

Sei wagemutig und gewaltige Mächte werden dir zur Hilfe kommen.

There is no such thing as a moral or an immoral *book*.

OSCAR WILDE

Es gibt weder moralische noch unmoralische Bücher.

Books cannot be killed by fire. People die, but *books* never die.

FRANKLIN D. ROOSEVELT

Bücher können nicht durch das Feuer umgebracht werden. Menschen sterben, aber Bücher sterben nie.

Americans love fat *books* and thin women.

RUSSEL BAKER

Amerikaner lieben dicke Bücher und dünne Frauen.

Books are well written or badly written, that is all.

OSCAR WILDE

Bücher sind entweder gut oder schlecht geschrieben, weiter nichts.

Some *books* are to be tasted, others to be swallowed, and some few to be chewed and digested.

FRANCIS BACON

Einige Bücher sollen geschmeckt werden, andere geschluckt, und einige wenige gekaut und verdaut.

The profession of *book writing* makes horse racing seem like a solid and stable business.

JOHN STEINBECK

Der Beruf des Bücherschreibens lässt Pferderennen als ein solides und beständiges Geschäft erscheinen.

The main thing of being famous is that when you *bore* people at dinner parties they think it is their fault.

HENRY KISSINGER

Der Hauptvorteil, berühmt zu sein, liegt darin, dass, wenn man Leute auf Abendgesellschaften langweilt, sie glauben, es sei ihre Schuld.

A *bore* is a man who, when you ask him how he is, tells you.

BERT LESTER TAYLOR

Ein Langweiler ist ein Mensch, der, wenn man ihn fragt, wie es ihm geht, es einem erzählt.

The capacity of human beings to *bore* another seems to be vastly geater than that of any other animal.

H. L. Mencken

Die Fähigkeit der menschlichen Wesen, sich gegenseitig zu langweilen, scheint erheblich größer zu sein als die anderer Tiere.

Perhaps the world's second worst crime is boredom; the first is being a *bore*.

Cecil Beaton

Das zweitschlimmste Verbrechen der Welt ist Langeweile; das schlimmste ein Langweiler zu sein.

I am an astronaut of *boxing*. Joe Louis and Dempsey were just jet pilots.

Muhammad Ali

Ich bin der Astronaut des Boxens. Joe Louis und Jack Dempsey waren nur Flugzeugpiloten.

There a some experiences in life which should not be demanded twice from a man, and one of them is listening to the *Brahms* Requiem.

George Bernard Shaw

Es gibt Erfahrungen im Leben, die von einem Menschen nicht zwei Mal verlangt werden sollten, und eine davon ist, sich das Requiem von Brahms anzuhören.

I bet, the human *brain* is a kludge.

MARVIN LEE MINSKY

Ich wette, dass das menschliche Gehirn eine Behelfslösung ist.

Only dull people are brilliant at *breakfast*.

OSCAR WILDE

Nur Langweiler sind beim Frühstück brillant.

Brevity is the soul of wit.

WILLIAM SHAKESPEARE

In der Kürze liegt die Würze. (wörtlich: Kürze ist die Seele des Witzes.)

Prisons are built with stones of Law, *brothels* with bricks of Religion.

WILLIAM BLAKE

Gefängnisse werden mit den Steinen des Gesetzes gebaut, Bordelle mit den Ziegeln der Religion.

I want to be the white man's *brother*, not his brother-in-law.

MARTIN LUTHER KING, JR.

Ich will der Bruder des weißen Mannes sein, nicht sein Schwager.

We must learn to live together as *brothers* or perish together as fools.

MARTIN LUTHER KING, JR.

Wir müssen lernen, wie Brüder zusammen zu leben, oder wir werden als Narren zusammen untergehen.

The only thing that saves us from the *bureaucracy* is its inefficiency.

EUGENE MCCARTHY

Das Einzige, was uns vor der Bürokratie schützt, ist ihre Ineffizienz.

If you're going to sin, sin against God, not the *bureaucracy*. God will forgive you but the bureaucracy won't.

HYMAN RICKOVER

Wenn du vorhast zu sündigen, sündige gegen Gott, nicht gegen die Bürokratie. Gott wird dir vergeben, die Bürokratie nicht.

A great *business* is really too big to be human.

HENRY FORD

Ein großes Geschäft ist wirklich zu groß, um menschlich zu sein.

The chief *business* of the American people is business.

CALVIN COOLIDGE

Das Hauptgeschäft des amerikanischen Volkes ist das Geschäft.

When two men in *business* always agree, one of them is unnecessary.

WILLIAM WRIGLEY JR.

Wenn zwei Männer in einem Unternehmen immer derselben Meinung sind, ist einer von ihnen überflüssig.

Every time I see an adult on a *bycicle,* I no longer despair for the future of the human race.

H. G. WELLS

Jedes Mal, wenn ich einen Erwachsenen auf einem Fahrrad sehe, verzweifle ich nicht mehr über die Zukunft der menschlichen Rasse.

C

I've been on a *calendar*, but never on time.

Marilyn Monroe

Ich bin auf einem Kalender erschienen, aber noch nie pünktlich zu einem Termin.

In *California* everyone goes to a therapist, is a therapist, or is a therapist going to a therapist.

Truman Capote

In Kalifornien geht jeder entweder zu einem Therapeuten, ist ein Therapeut oder ist ein Therapeut, der zu einem Therapeuten geht.

Cancer got me over unimportant fears, like getting older.

Olivia Newton-John

Der Krebs hat mir geholfen, über unsinnige Ängste, wie das Älterwerden, hinwegzukommen.

Whenever one has anything unpleasant to say, one should always be quite *candid*.

Oscar Wilde

Wenn man etwas Unerfreuliches zu sagen hat, sollte man immer ganz aufrichtig sein.

Most human beings have an almost infinite *capacity* for taking things for granted.

ALDOUS HUXLEY

Die meisten Menschen haben eine fast unbegrenzte Fähigkeit, Dinge als selbstverständlich zu betrachten.

Everything in life is somewhere else, and you can get there in a *car*.

E. B. WHITE

Alles im Leben ist irgendwo anders, und man kann im Auto dorthinfahren.

Never lend your *car* to anyone to whom you have given birth.

ERMA BOMBECK

Leihe dein Auto nie jemandem, den du zur Welt gebracht hast.

He knows nothing; and he thinks he knows everything. That points clearly to a political *career*.

GEORGE BERNARD SHAW

Er weiß nichts und glaubt, alles zu wissen. Das weist deutlich auf eine politische Karriere hin.

One *cat* leads to another.

ERNEST HEMINGWAY

Eine Katze führt zu einer weiteren.

A *celebrity* is a person who works hard all his life to become well-known, then wears dark glasses to avoid being recognized.

FRED ALLEN

Ein Prominenter ist eine Person, die ihr ganzes Leben hart dafür arbeitet, bekannt zu werden, und dunkle Sonnenbrillen trägt, um unerkannt zu bleiben.

The *celebrity* is a person who is well-known for his well-knownness.

DANIEL BOORSTIN

Ein Prominenter ist eine Person, die für ihr Bekanntsein bekannt ist.

A *celebrity* is any well-known TV or movie star who looks like he spends more than two hours working on his hair.

STEVE MARTIN

Ein Prominenter ist jeder bekannte Fernseh- oder Filmstar, der so aussieht, als hätte er mehr als zwei Stunden mit seiner Frisur zugebracht.

I believe in *censorship*. After all, I made a fortune out of it.

MAE WEST

Ich glaube an die Zensur. Schließlich habe ich mit ihr ein Vermögen gemacht.

Assassination is the extreme form of *censorship*.

GEORGE BERNARD SHAW

Attentate sind die Extremform der Zensur.

I wanted to *change* the world. But I have found that the only thing one can be sure of changing is oneself.

ALDOUS HUXLEY

Ich wollte die Welt verändern. Aber ich habe herausgefunden, dass das Einzige, was man ganz sicher ändern kann, man selber ist.

Change is the law of life. And those who look only to the past or present are certain to miss the future.

JOHN F. KENNEDY

Die Veränderung ist das Gesetz des Lebens. Und die, die nur auf die Vergangenheit oder die Gegenwart blicken, werden sicher die Zukunft verpassen.

Change your thoughts and you change your world.

NORMAN VINCENT PEALE

Ändere deine Gedanken und du veränderst deine Welt.

People grow through experience if they meet life honestly and courageously. This is how *character* is built.

ELEANOR ROOSEVELT

Menschen wachsen durch ihre Erfahrungen, wenn sie dem Leben offen und mutig begegnen. So bildet sich Charakter.

You'd be surprised how much it costs to look so *cheap*.

Dolly Parton

Sie wären überrascht, wenn Sie wüssten, wieviel es kostet, so billig auszusehen.

I was thrown out of the college for *cheating* in the metaphysics exam; I looked into the soul of the boy sitting next to me.

Woody Allen

Ich wurde aus dem College geworfen, weil ich bei der Metaphysikprüfung mogelte; ich schaute in die Seele des Jungen neben mir.

Never allow your *child* to call you by your first name. He hasn't known you long enough.

Fran Lebowitz

Erlaube deinem Kind nie, dich beim Vornamen zu nennen. Es kennt dich noch nicht lange genug.

Having one *child* makes you a parent; having two, you are a referee.

David Frost

Hast du ein Kind, bist du ein Elternteil; hast du zwei, bist du ein Schiedsrichter.

It's never too late to have a happy *childhood*.

Tom Robbins

Es ist nie zu spät, eine glückliche Kindheit zu haben.

I have a dream that my four little *children* will one day live in a nation where they will not be judged by the color of their skin, but by the content of their character.

MARTIN LUTHER KING, JR.

Ich habe einen Traum: dass meine vier kleinen Kinder eines Tages in einer Nation leben werden, in der sie nicht nach der Farbe ihrer Haut beurteilt werden, sondern nach der Beschaffenheit ihres Charakters.

Children have never been very good at listening to their elders, but they have never failed to imitate them.

JAMES BALDWIN

Kinder haben noch nie sehr gut auf ihre Eltern gehört, aber sie haben sie bisher noch immer gut nachgeahmt.

We spend the first twelve months of our *children's* lives teaching them to walk and talk and the next twelve years telling them to sit down and shut up.

PHYLLIS DILLER

Wir verbringen die ersten zwölf Monate des Lebens unserer Kinder damit, ihnen das Gehen und Sprechen beizubringen, und die nächsten zwölf Jahre damit, ihnen zu sagen, sie sollen sich hinsetzen und den Mund halten.

Children really brighten up a household – they never turn the lights off.

RALPH BUS

Kinder erhellen wirklich jeden Haushalt – sie schalten nie die Lichter aus.

I'm astounded by people who want to know the universe when it's hard enough to find your way around *Chinatown*.

WOODY ALLEN

Ich staune über Leute, die das Universum kennen wollen, wenn es doch schwer genug ist, sich in Chinatown auszukennen.

A new British survey has revealed that 9 out of 10 people like *chocolate*. The tenth lies.

ROBERT PAUL

Eine neue britische Studie hat enthüllt, dass 9 von 10 Menschen Schokolade mögen. Der Zehnte lügt.

I am not a politician, I am a *citizen*.

ADLAI STEVENSON

Ich bin kein Politiker, ich bin ein Bürger.

The *city* is not a concrete jungle, it is a human zoo.

DESMOND MORRIS

Die Stadt ist kein Betondschungel, sondern ein menschlicher Zoo.

The *civilization* of one epoch becomes the manure of the next.

CYRIL CONNOLY

Die Zivilisation der einen Epoche wird zum Dünger der nächsten.

Every *civilization* that has ever existed has ultimately collapsed.

HENRY KISSINGER

Jede Zivilisation, die es jemals gegeben hat, ist letztendlich zusammengebrochen.

Civilizations die from suicide, not by murder.

ARNOLD TOYNBEE

Die Zivilisationen sterben durch Selbstmord, nicht durch Mord.

We are born princes and the *civilizing process* makes us frogs.

ERIC BERNE

Wir werden als Prinzen geboren, und der Prozess der Zivilisierung macht uns zu Fröschen.

A *classic* is something that everybody wants to have read and nobody wants to read.

MARK TWAIN

Ein Klassiker ist ein Buch, das alle gelesen haben wollen, aber niemand lesen möchte.

Clothes make the man. Naked people have little or no influence on society.

MARK TWAIN

Kleider machen Leute. Nackte Menschen haben sehr wenig oder gar keinen Einfluss auf die Gesellschaft.

Cocaine magnifies your personality. Yeah, but what if you're an asshole.

EDDIE MURPHY

Kokain verstärkt deine Charaktereigenschaften. Gut, aber was ist wenn du ein Arschloch bist.

He was like a *cock* who thougt the sun had risen to hear him.

GEORGE ELIOT

Er war wie ein Hahn, der glaubte, die Sonne sei aufgegangen, um ihn krähen zu hören.

Colonies do not cease to be colonies because they are independent.

BENJAMIN DISRAELI

Kolonien hören nicht auf, Kolonien zu sein, nur weil sie unabhängig geworden sind.

A good head and a good heart are always a formidable *combination*.

NELSON MANDELA

Ein guter Kopf und ein gutes Herz sind immer eine eindrucksvolle Kombination.

Comedy is simply a funny way of being serious.

SIR PETER USTINOV

Comedy ist bloß eine lustige Art, ernst zu sein.

The only reason I made a *commercial* for American Express was to pay for my American Express bill.

SIR PETER USTINOV

Der einzige Grund, warum ich einen Werbespot für American Express gemacht habe, war um meine American Express bezahlen zu können.

Committee – a group of men who individually can do nothing but as a group decide that nothing can be done.

FRED ALLEN

Ein Ausschuss – eine Gruppe von Menschen, die einzeln nichts tun können, aber als Gruppe beschließen, dass nichts getan werden kann.

Many attempts to *communicate* are nullified by saying too much.

ROBERT K. GREENLEAF

Viele Versuche der Kommunikation scheitern daran, dass zuviel gesagt wird.

Communism is like one big phone company.

LENNY BRUCE

Der Kommunismus ist wie eine große Telefongesellschaft.

Communism is like prohibition; it's a good idea but it won't work.

WILL ROGERS

Kommunismus ist wie Prohibition: eine gute Idee, die aber nicht funktioniert.

I can live for two months on a good *compliment.*

MARK TWAIN

Ich kann zwei Monate von einem guten Kompliment leben.

Compromise, if not the spice of life, is its solidity. It is what makes nations great and marriages happy.

PHYLLIS MCGINLEY

Der Kompromiss, wenn auch nicht die Würze des Lebens, ist doch seine Festigkeit. Er macht Nationen groß und Ehen glücklich.

Man is still the most extraordinary *computer* of all.

JOHN F. KENNEDY

Der Mensch ist immer noch der erstaunlichste aller Computer.

Computers make it easier to do a lot of things, but most of the things they make it easier to do don't need to be done.

ANDY ROONEY

Computer erleichtern viele Dinge, doch die meisten der Dinge, die sie erleichtern, müssen nicht getan werden.

Make no *concessions*!

GERTRUDE STEIN

Mache keine Zugeständnisse!

When men and women agree, it is only in their *conclusions*; their reasons are always different.

GEORGE SANTAYANA

Wenn Männer und Frauen übereinstimmen, dann immer nur in ihren Schlussfolgerungen; ihre Gründe sind immer verschieden.

No grand idea was ever born in a *conference*, but lot of foolish ideas have died there.

F. SCOTT FITZGERALD

Noch nie wurde eine große Idee in einer Konferenz geboren, aber eine Menge dummer Ideen sind dort gestorben.

There is no better place in the world to find out the shortcomings of each other than a *conference*.

WILL ROGERS

Es gibt keinen besseren Ort auf der Welt, die gegenseitigen Schwächen herauszufinden als eine Konferenz.

His countenance *confessed* faster than his tongue denied.

HENRY FIELDING

Sein Gesichtsausdruck gestand schneller als seine Zunge leugnete.

Conformity is the jailer of freedom and the enemy of growth.

JOHN F. KENNEDY

Anpassung ist der Kerkermeister der Freiheit und der Feind des Wachstums.

Confusion is a word we have invented for an order which is not understood.

HENRY MILLER

Verwirrung ist ein Wort, das wir für eine Ordnung erfunden haben, die nicht verstanden wurde.

Suppose you were an idiot. And suppose you were a member of *Congress*. But I repeat myself.

MARK TWAIN

Angenommen, du wärst ein Idiot. Und angenommen, du wärst ein Mitglied des Kongresses. Aber ich wiederhole mich.

Good friends, good books and a sleepy *conscience*: that is the ideal life.

MARK TWAIN

Gute Freunde, gute Bücher und ein schläfriges Gewissen: das ist das ideale Leben.

I believe that *conscience* is a still, small voice and not a loudspeaker.

CLEMENT ATTLEE

Ich glaube, dass das Gewissen eine kleine, leise Stimme ist und kein Lautsprecher.

People with bad *consciences* always fear the judgement of children.

MARY MCCARTHY

Menschen mit schlechtem Gewissen fürchten immer das Urteil von Kindern.

Consciousness is a phase of mental life which arises in connection with the formation of new habits.

WILLIAM RALPH INGE

Das Bewusstsein ist eine Phase im geistigen Leben, die im Zusammenhang mit der Herausbildung neuer Gewohnheiten hervortritt.

Any man who is under 30 and is not a liberal has no heart; and any man who is over 30 and is not a *conservative* has no brain.

SIR WINSTON CHURCHILL

Jeder Mensch, der unter 30 ist und kein Liberaler, hat kein Herz; und jeder Mensch, der über 30 ist und kein Konservativer, hat kein Gehirn.

A *Conservative* is a man with two perfectly good legs who, however, has never learned to walk forward.

FRANKLIN D. ROOSEVELT

Ein Konservativer ist ein Mensch mit zwei vollkommen brauchbaren Beinen, der jedoch nie gelernt hat, vorwärts zu gehen.

Conservatives are not necessarily stupid, but most stupid people are conservatives.

JOHN STUART MILL

Konservative sind nicht notwendigerweise dumm, aber die meisten dummen Menschen sind Konservative.

I'll put on my *considering cap*.

JOHN FLETCHER UND FRANCIS BEAUMONT

Ich werde meine Denkkappe aufsetzen.

Our *constitution* protects aliens, drunks, and U.S. senators.

WILL ROGERS

Unsere Verfassung schützt Ausländer, Betrunkene und U.S. Senatoren.

A verbal *contract* isn't worth the paper it is written on.

SAMUEL GOLDWYN

Ein mündlicher Vertrag ist das Papier nicht wert, auf dem er geschrieben ist.

The well-bred *contradict* other people. The wise contradict themselves.

OSCAR WILDE

Wohlerzogene Menschen widersprechen anderen. Weise Menschen widersprechen sich selbst.

Conversation is the enemy of good wine and food.

Alfred Hitchcock

Die Konversation ist der Feind von gutem Wein und gutem Essen.

There is no such thing as *conversation*. It is an illusion. There are interesting monologues, that is all.

Rebecca West

Es gibt keine Konversation. Das ist eine Illusion. Es gibt interessante Monologe, das ist alles.

That is the happiest *conversation* where is no competition, no vanity, but a calm, quite interchange of sentiments.

Samuel Johnson

Die bestgeglückte Konversation ist eine, bei der es keinen Wettstreit gibt, keine Eitelkeiten, sondern nur einen ruhigen Austausch von Ansichten.

You've *convinced* me. Now go out and put pressure on me.

Franklin D. Roosevelt

Sie haben mich überzeugt. Nun gehen Sie raus und üben Druck auf mich aus.

Couples who *cook* together stay together.

Erica Jong

Paare, die zusammen kochen, bleiben zusammen.

He'd make a lovely *corpse*.

CHARLES DICKENS

Er würde eine hübsche Leiche abgeben.

There is one rule for the industrialist and that is: make the best quality of goods possible at the lowest *cost* possible, paying the highest wages possible.

HENRY FORD

Es gibt nur eine Regel für Industrialisten und die heißt: Produziere Güter bester Qualität zu den geringstmöglichen Kosten, während du die höchstmöglichen Löhne bezahlst.

Watch the *costs* and the profits will take care of themselves.

ANDREW CARNEGY

Achte auf die Kosten, und die Gewinne werden sich von selbst ergeben.

And so, my fellow Americans: ask not what your *country* can do for you – ask what you can do for your country.

JOHN F. KENNEDY

Und deshalb, meine amerikanischen Mitbürger: Fragt nicht, was euer Land für euch tun kann; fragt, was ihr für euer Land tun könnt.

Ask not what you can do for your *country*. Ask what's for lunch.

Orson Welles

Frag' nicht, was du für dein Land tun kannst. Frag' was es zu Mittag gibt.

I believe that Ronald Reagan can make this *country* what it once was – an Arctic region covered with ice.

Steve Martin

Ich glaube, dass Ronald Reagan dieses Land dazu machen kann, was es einst war – eine arktische Region bedeckt mit Eis.

A *countryman* between two lawyers is like a fish between two cats.

Benjamin Franklin

Ein Bauer zwischen zwei Rechtsanwälten ist wie ein Fisch zwischen zwei Katzen.

Courage is what it takes to stand up and speak, courage is also what it takes to sit down and listen.

Sir Winston Churchill

Mut ist, was man braucht, um aufzustehen und zu sprechen; Mut ist aber auch, was man braucht, um sich hinzusetzen und zuzuhören.

With enough *courage*, you can do without a reputation.

CLARK GABLE

Wer genug Mut hat, kann auf einen guten Ruf verzichten.

I learned that *courage* was not the absence of fear, but the triumph over it.

NELSON MANDELA

Ich habe gelernt, dass Mut nicht das Fehlen von Angst ist, sondern der Triumph über sie.

It takes a great deal of *courage* to stand up to your enemies, but even more to stand up to you friends.

J. K. ROWLING

Es bedarf großen Mutes, sich gegen seine Feinde zu behaupten, aber noch mehr, seinen Freunden die Stirn zu bieten.

Keep your fears to yourself, but share your *courage* with others.

ROBERT LOUIS STEVENSON

Behalte deine Ängste für dich, deinen Mut aber teile mit anderen.

Make no mistake. The United States will hunt down and pursue those responsible for these *cowardly* actions.

George W. Bush

Täuscht euch nicht. Die Vereinigten Staaten werden diejenigen jagen und verfolgen, die für diese feigen Taten verantwortlich sind.

It's exciting to have a real *crisis* on your hand, when you have spent half your political life dealing with humdrum issues like the environment.

Margaret Thatcher

Es ist aufregend, eine richtige Krise am Hals zu haben, wenn man die Hälfte seines politischen Lebens damit verbracht hat, sich mit stumpfsinnigen Problemen wie der Umwelt zu befassen.

A good writer is not, per se, a good *critic*. No more than a good drunk is automatically a good bartender.

Jim Bishop

Ein guter Schriftsteller ist nicht per se ein guter Kritiker, genauso wenig wie ein Betrunkener automatisch ein guter Barmann ist.

A *critic* is a man who knows the way but can't drive the car.

Kenneth Tynan

Ein Kritiker ist ein Mensch, der den Weg kennt, aber den Wagen nicht fahren kann.

People ask for *criticism*, but they only want praise.

W. Somerset Maugham

Die Menschen bitten um Kritik, aber sie wollen nur Lob.

If you are not *criticized*, you may not be doing much.

Donald H. Rumsfeld

Wenn du nicht kritisiert wirst, machst du vielleicht zu wenig.

If you are not afraid of the voices inside you, you will not fear the *critics* outside you.

Natalie Goldberg

Wenn man sich nicht vor seinen inneren Stimmen fürchtet, wird man auch vor den Kritikern außerhalb keine Angst haben.

Don't pay attention to the *critics* – don't even ignore them.

Samuel Goldwyn

Achte nicht auf die Kritiker; ignoriere sie nicht einmal.

Critics are to authors what dogs are to lamp-posts.

Jeffrey Robinson

Kritiker sind für Autoren, was Hunde für Laternenmasten sind.

There is no *cure* for birth and death save to enjoy the interval.

George Santayana

Es gibt keine Heilung für Geburt und Tod, außer die Zeit dazwischen zu genießen.

One's own employees should be one's best *customers.*

Henry Ford

Die eigenen Angestellten sollten die besten Kunden sein.

A *cynic* is not merely one who reads bitter lessons from the past; he is one who is prematurely disappointed in the future.

Sydney Harris

Ein Zyniker ist nicht nur jemand, der bittere Lehren aus der Vergangenheit zieht; er ist jemand, der vorschnell von der Zukunft enttäuscht ist.

The power of accurate observation is commonly called *cynicism* by those who have not got it.

George Bernard Shaw

Scharfe Beobachtungsgabe wird gemeinhin von denen Zynismus genannt, die sie nicht haben.

D

I grew up with six brothers. That's how I learned to *dance* – waiting for the bathroom.

BOB HOPE

Ich wuchs mit sechs Brüdern auf. So lernte ich tanzen – während ich vor der Klotüre wartete.

Dancing is a perpendicular expression of a horizontal desire.

GEORGE BERNARD SHAW

Tanzen ist ein senkrechter Ausdruck eines waagrechten Verlangens.

For you and I are past our *dancing* days.

WILLIAM SHAKESPEARE

Du und ich, wir haben die Tage des Tanzens hinter uns.

We have seen better *days*.

WILLIAM SHAKESPEARE

Wir haben schon bessere Tage gesehen.

Either this man is *dead* or my watch has stopped.

GROUCHO MARX

Entweder ist dieser Mann tot, oder meine Uhr ist stehen geblieben.

Dead men tell no tales.

JOHN DRYDEN

Tote erzählen keine Geschichten.

In the long run, we are all *dead*.

JOHN MAYNARD KEYNES

Langfristig sind wir alle tot.

The report of my *death* was an exaggeration.

MARK TWAIN

Der Bericht über meinen Tod war eine Übertreibung.

For three days after *death*, hair and fingernails continue to grow but phone calls taper off.

JOHNNY CARSON

Nach dem Tod wachsen Haare und Fingernägel noch drei Tage lang weiter. Aber die Telefonanrufe lassen langsam nach.

It has been often said, that it is not *death*, but dying, which is terrible.

HENRY FIELDING

Es ist schon oft gesagt worden, dass nicht der Tod das Schreckliche ist, sondern das Sterben.

I'm not afraid of *death* because I don't believe in it. It's just getting out of one car, and into another.

JOHN LENNON

Ich habe keine Angst vor dem Tod, weil ich nicht an ihn glaube. Man steigt einfach nur von einem Wagen in einen anderen um.

A man must be willing to die for justice. *Death* is an inescapable reality and men die daily, but good deeds live forever.

JESSE JACKSON

Ein Mensch muss gewillt sein, für die Gerechtigkeit zu sterben. Der Tod ist eine unausweichliche Realität, und Menschen sterben täglich, aber gute Taten leben ewig.

There are worse things in life than *death*. Have you ever spent an evening with an insurance salesman?

WOODY ALLEN

Es gibt Schlimmeres im Leben als den Tod. Haben Sie jemals einen Abend mit einem Versicherungsvertreter verbracht?

Words pay no *debts*.

WILLIAM SHAKESPEARE

Worte zahlen keine Schulden.

Victory has a thousand fathers, but *defeat* is an orphan.

JOHN F. KENNEDY

Ein Sieg hat tausend Väter, aber eine Niederlage ist ein Waisenkind.

What is *defeat*? Nothing but education; nothing but the first step to something better.

WENDELL PHILLIPS

Was ist eine Niederlage? Nichts anderes als Teil der Selbstbildung; nichts anderes als der erste Schritt zu etwas Besserem.

The *demagogue* is one who preaches doctrines he knows to be untrue to men he knows to be idiots.

H. L. MENCKEN

Ein Demagoge ist jemand, der eine Doktrin, von der er weiß, dass sie eine Lüge ist, Menschen predigt, von denen er weiß, dass sie Idioten sind.

Democracy is being allowed to vote for the candidate you dislike least.

ROBERT BYRNE

Demokratie ist das Recht, den Kandidaten zu wählen, den man am wenigsten ablehnt.

Something is rotten in the state of *Denmark*.

WILLIAM SHAKESPEARE.

Etwas ist faul im Staate Dänemark.

He who *desires* but not acts, breeds pestilence.

William Blake

Wer begehrt und nicht handelt, brütet die Pest aus.

The mass of men lead lives of quiet *desperation*.

Henry David Thoreau

Die Masse der Menschen führt ein Leben in stiller Verzweiflung.

This generation of Americans has a rendezvous with *destiny*.

Franklin D. Roosevelt

Diese Generation der Amerikaner hat ein Rendezvous mit dem Schicksal.

Destiny is a name often given in retrospect to choices that had dramatic consequences.

J. K. Rowling

Schicksal ist eine Bezeichnung, mit der man oft rückblickend Entscheidungen belegt, die dramatische Konsequenzen nach sich zogen.

What I do know of man's *destiny*? I could tell you more about radishes.

Samuel Beckett

Was ich über das Schicksal der Menschheit weiß? Ich könnte Ihnen eher etwas über Radieschen erzählen.

It's the good girls that keep the *diaries*; the bad girls never have the time.

TALLUAH BANKHEAD

Es sind die guten Mädchen, die Tagebücher führen; die bösen haben dazu keine Zeit.

Dictators ride to and fro upon tigers which they do not dare dismount. And the tigers are getting hungry.

SIR WINSTON CHURCHILL

Diktatoren reiten auf Tigern hin und her, von denen sie nicht abzusteigen wagen. Und die Tiger bekommen langsam Hunger.

Whenever you have an efficient government, you have a *dictatorship*.

HARRY S. TRUMAN

Wann immer man eine effiziente Regierung hat, hat man eine Diktatur.

It's not that I'm afraid to *die*, I just don't want to be there when it happens.

WOODY ALLEN

Es ist nicht so, dass ich Angst hätte zu sterben; ich möchte nur nicht dabei sein, wenn es passiert.

If I must *die*, I will encounter darkness as a bride, and hug it in mine arms.

WILLIAM SHAKESPEARE

Wenn ich sterben muss, werde ich die Finsternis als Braut in meine Arme schließen.

To live in hearts we leave behind is not to *die*.

THOMAS CAMPBELL

Im Herzen derer weiterzuleben, die wir zurücklassen, heißt, nicht zu sterben.

To eat is human; to *digest*, divine.

MARK TWAIN

Essen ist menschlich; verdauen göttlich.

Diligence is the mother of luck.

BENJAMIN FRANKLIN

Fleiß ist die Mutter des Glücks.

It's hard for me to get used to these changing times. I can remember when the air was clean and the sex was *dirty*.

GEORGE BURNS

Es ist schwierig für mich, mich an diese sich verändernden Zeiten zu gewöhnen. Ich kann mich noch daran erinnern, als die Luft sauber und der Sex schmutzig war.

When you have a number of *disagreeable* duties to perform, always do the most disagreeable first.

JOSIAH QUINCY

Wenn du eine Reihe unangenehmer Aufgaben zu erledigen hast, erledige die unangenehmste immer zuerst.

It is wrong to *discriminate* based on skin color, when there are so many other reasons to dislike someone.

DENNIS MILLER

Es ist falsch, jemanden aufgrund seiner Hautfarbe zu diskriminieren, wenn es doch so viele andere Dinge gibt, jemanden nicht leiden zu können.

Disneyland will never be completed. It will continue to grow as long as there is imagination left in the world.

WALT DISNEY

Disneyland wird niemals fertig gestellt werden. Es wird weiter wachsen, solange es in der Welt Fantasie gibt.

One of the advantages of being *disorderly* is that one is constantly making exciting discoveries.

A. A. MILNE

Einer der Vorteile unordentlich zu sein ist, dass man ständig aufregende Entdeckungen macht.

I'm not feeling very well – I need a *doctor* immediatly. Ring the nearest golf course.

GROUCHO MARX

Ich fühle mich nicht gut. Ich brauche sofort einen Arzt. Ruf' den nächsten Golfplatz an!

My *doctor* gave me two weeks to live. I hope they are in August.

RONNIE SHAKES

Mein Doktor gab mir noch zwei Wochen zu leben. Ich hoffe, sie sind im August.

My *doctor* gave me six months to live, but when I couldn't pay the bill he gave me six months more.

WALTER MATTHAU

Mein Arzt gab mir noch sechs Monate zu leben, aber als ich die Rechnung nicht zahlen konnte, gab er mir weitere sechs Monate.

A *dog* is the only thing on earth that loves you more than he loves himself.

JOSH BILLINGS

Ein Hund ist das einzige auf Erden, das einen mehr liebt als sich selbst.

If you pick up a starving *dog* and make him prosperous, he will not bite you. This is the principal difference between a dog and a man.

MARK TWAIN

Wenn du einen hungernden Hund aufnimmst und ihn gedeihen lässt, wird er dich nicht beißen. Das ist der Hauptunterschied zwischen einem Hund und einem Menschen.

My husband and I are either going to buy a *dog* or have a child. We can't decide whether to ruin our carpet or ruin our lives.

RITA RUDNER

Mein Mann und ich wollen uns entweder einen Hund oder ein Kind zulegen. Wir können uns nur nicht entscheiden, ob wir unseren Teppich oder unser Leben ruinieren wollen.

Well *done* is better than well said.

BENJAMIN FRANKLIN

Gut getan ist besser als gut gesagt.

What's *done* cannot be undone.

WILLIAM SHAKESPEARE

Was geschehen ist, kann nicht ungeschehen gemacht werden.

If you can *dream* it, you can do it.

WALT DISNEY

Wenn du es erträumen kannst, kannst du es auch tun.

Those who *dream* by day are cognizant of many things which escape those who dream only by night.

EDGAR ALLAN POE

Jene Menschen, die bei Tag träumen, haben Kenntnis von vielen Dingen, die jenen entgehen, die nur bei Nacht träumen.

I have a *dream*.

MARTIN LUTHER KING, JR.

Ich habe einen Traum.

You see things and say, "Why?", but I *dream* things and say, "Why not?"

GEORGE BERNARD SHAW

Sie sehen Dinge und sagen: „Warum?"; ich aber träume Dinge und sage: „Warum nicht?"

Society often forgives the criminal, it never forgives the *dreamer*.

OSCAR WILDE

Die Gesellschaft vergibt oft den Kriminellen; sie vergibt nie den Träumern.

We are such stuff as *dreams* are made on, and our little life is rounded with a sleep.

WILLIAM SHAKESPEARE

Wir sind aus dem Stoff, aus dem Träume gemacht werden, und unser kleines Leben rundet sich ab im Schlaf.

You make your own *dreams*.

JOHN LENNON

Man macht sich seine Träume selbst.

We've removed the ceiling above our *dreams*. There are no more impossible dreams.

JESSE JACKSON

Wir haben die Decke über unseren Träumen abgetragen. Es gibt keine unmöglichen Träume mehr.

I *drink*, therefore I am.

W. C. FIELDS

Ich trinke, also bin ich.

We *drink* on another's healths and spoil our own.

JEROME K. JEROME

Wir trinken auf die Gesundheit anderer und ruinieren unsere eigene.

There is no *drinking* after death.

JOHN FLETCHER AND FRANCIS BEAUMONT

Es gibt kein Trinken nach dem Tode.

Always do sober what you said you'd do *drunk*. That will teach you to keep your mouth shut.

ERNEST HEMINGWAY

Tu' stets das nüchtern, von dem du behauptest, du würdest es betrunken tun. Das wird dich lehren, deinen Mund zu halten.

I may be *drunk*, Miss, but in the morning I will be sober and you will still be ugly.

SIR WINSTON CHURCHILL

Ich bin vielleicht betrunken, Miss, aber morgen früh werde ich nüchtern sein, und Sie werden noch immer hässlich sein.

I'm not offended by *dumb* blonde jokes because I know that I'm not dumb. I also know I'm not blonde.

DOLLY PARTON

Witze über dumme Blondinen beleidigen mich nicht, weil ich weiß, dass ich nicht dumm bin. Ich weiß auch, dass ich nicht blond bin.

Duty is what one expects from others, it is not what one does oneselfs.

OSCAR WILDE

Pflicht ist das, was man von anderen erwartet, nicht das, was man selbst tut.

The *dwarf* sees farther than the giant, when he has the giant's shoulder to mount on.

SAMUEL TAYLOR COLERIDGE

Der Zwerg sieht weiter als der Riese, wenn er auf die Schulter des Riesen klettern kann.

E

Orthography: the science of spelling by the eye instead of the *ear*.

AMBROSE BIERCE

Rechtschreibung: die Wissenschaft des Buchstabierens mit den Augen anstelle der Ohren.

Early to bed, early to rise makes a man healthy, wealthy, and wise.

BENJAMIN FRANKLIN

Früh zu Bett gehen und früh aufstehen machen einen Menschen gesund, wohlhabend und weise.

Friends, Romans, countrymen, lend me your *ears*.

WILLIAM SHAKESPEARE

Freunde, Römer und Landsleute, leiht mir euer Ohr.

When you forget to *eat* you know you're alive.

HENRY MILLER

Wenn man vergisst zu essen, weiß man, dass man lebt.

Anyone who *eats* three meals a day should understand why cookbooks outsell sex books three to one.

L. M. Boyd

Jeder, der drei Mahlzeiten am Tag isst, sollte verstehen, warum sich Kochbücher dreimal so gut verkaufen wie Sexbücher.

Do not fear to be *eccentric* in opinion, for every opinion now accepted was once eccentric.

Bertrand Russell

Fürchte nicht, eine exzentrische Meinung zu haben, denn jede heute akzeptierte Meinung war einst exzentrisch.

In all recorded history there has not been one *economist* who has had to worry about where the next meal would come from.

Peter Drucker

In der gesamten aufgezeichneten Geschichte gab es keinen einzigen Wirtschaftsexperten der sich jemals darüber Gedanken machen musste, woher seine nächste Mahlzeit kommen würde.

You and I come by road or by rail – but *economists* travel on infrastructure.

Margaret Thatcher

Du und ich, wir fahren mit dem Auto oder mit der Bahn, aber Wirtschaftsexperten reisen auf der Infrastruktur.

Practical men, who believe themselves to be quite exempt from any intellectual influences, are usually the slaves of some defunct *economist.*

John Maynard Keynes

Praktisch veranlagte Menschen, die glauben, ziemlich frei von irgendwelchen intellektuellen Einflüssen zu sein, sind für gewöhnlich Sklaven irgendeines überholten Wirtschaftsexperten.

An *editor* is one who separates the wheat from the chaff and prints the chaff.

Adlai Stevenson

Ein Redakteur ist jemand, der die Spreu vom Weizen trennt und die Spreu druckt.

Education is the ability to listen to almost anything without losing your temper or your self-confidence.

Robert Frost

Bildung ist die Fähigkeit, fast allem zuzuhören, ohne die Geduld oder das Selbstvertrauen zu verlieren.

Education is the movement from darkness to light.

Allan Bloom

Bildung ist Bewegung von der Dunkelheit ins Licht.

Education is what survives when what has been learned has been forgotten.

B. F. Skinner

Bildung ist das, was überlebt, wenn man das vergessen hat, was man gelernt hat.

Education has produced a vast population able to read but unable to distinguish what is worth reading.

G. M. Trevelyan

Die Bildung hat eine gewaltige Bevölkerungszahl hervorgebracht, die fähig ist zu lesen, aber unfähig ist, zu erkennen, was es wert ist, gelesen zu werden.

I have never let my schooling interfere with my *education*.

Mark Twain

Ich habe nie meine Bildung durch meine Schulbildung beeinträchtigen lassen.

Education is the most powerful weapon which you can use to change the world.

Nelson Mandela

Die mächtigste Waffe, die man für die Veränderung der Welt nutzbar machen kann, ist die Bildung unserer Kinder.

The aim of *education* is the knowledge not of facts but of values.

WILLIAM RALPH INGE

Das Ziel der Bildung ist nicht die Vermittlung von Fakten, sondern von Werten.

Education is an admirable thing, but it is well to remember from time to time that nothing that is worth knowing can be taught.

OSCAR WILDE

Bildung ist eine bewundernswerte Sache, aber man tut gut daran, sich ab und zu daran zu erinnern, dass nichts, das wissenswert ist, gelehrt werden kann.

It may be the cock that crows, but it is the hen that lays the *eggs*.

MARGARET THATCHER

Es ist vielleicht der Hahn, der kräht, aber es ist die Henne, die die Eier legt.

Nothing we human beings do is without *emotion*.

PETE TOWNSHEND

Wir Menschen tun nichts ohne Gefühl.

The great gift of human beings is that we have the power of *empathy*.

MERYL STREEP

Die große Gabe der Menschen ist unsere Fähigkeit zur Empathie.

All successful *employers* are stalking men who will do the unusual, men who think, men who attract attention by performing more than is expected of them.

CHARLES M. SCHWAB

Alle erfolgreichen Arbeitgeber sind Männer auf der Pirsch, die das Ungewöhnliche tun, Männer, die denken, Männer, die dadurch die Aufmerksamkeit auf sich ziehen, indem sie mehr Leistung erbringen als von ihnen erwartet wird.

This is not the *end*. It is not even the beginning of the end. But it is, perhaps, the end of the beginning.

SIR WINSTON CHURCHILL

Dies ist nicht das Ende. Es ist nicht einmal der Anfang vom Ende. Aber vielleicht ist es das Ende vom Anfang.

We make our friends; we make our *enemies*; but God makes our next-door neighbour.

GILBERT KEITH CHESTERTON

Wir machen uns unsere Freunde, wir machen uns unsere Feinde; aber Gott macht unseren Nachbarn von nebenan.

Forgive your *enemies*, but never forget their names.

JOHN F. KENNEDY

Vergib deinen Feinden, aber vergiss nie ihre Namen.

A man cannot be too careful in the choice of his *enemies*.

OSCAR WILDE

Ein Mensch kann in der Wahl seiner Feinde nicht sorgfältig genug vorgehen.

It is easier to forgive an *enemy* than to forgive a friend.

WILLIAM BLAKE

Es ist einfacher, einem Feind zu vergeben, als einem Freund.

One of the most time-consuming things is to have an *enemy*.

E. B. WHITE

Einen Feind zu haben, ist eines der zeitraubendsten Dinge, die es gibt.

If you want to make peace with your *enemy*, you have to work with your enemy.

NELSON MANDELA

Wenn man mit seinem Feind Frieden schließen will, muss man mit seinem Feind arbeiten.

Energy is eternal delight.

WILLIAM BLAKE

Energie ist ewige Freude.

Coffee in *England* always tastes like a chemistry experiment.

AGATHA CHRISTIE

In England schmeckt Kaffee immer wie ein chemisches Experiment.

If you want to eat well in *England,* eat three breakfasts.

W. SOMERSET MAUGHAM

Wenn du in England gut essen willst, iss dreimal Frühstück.

None are so old as those who have outlived *enthusiasm.*

HENRY DAVID THOREAU

Niemand ist so alt wie jene Menschen, die ihre Begeisterung überlebt haben.

Nothing great was ever achieved without *enthusiasm.*

RALPH WALDO EMERSON

Nichts Großes wurde je ohne Begeisterung erreicht.

All men are created *equal.*

JOHN HANCOCK

Alle Menschen sind gleich erschaffen.

That all men are *equal* is a proposition to which, at ordinary times, no sane individual has ever given his assent.

ALDOUS HUXLEY

Dass alle Menschen gleich sind, ist eine These, der noch kein vernünftiger Mensch zu normalen Zeiten je seine Zustimmung gegeben hat.

All animals are *equal* but some animals are more equal than others.

GEORGE ORWELL

Alle Tiere sind gleich, aber einige Tiere sind gleicher als andere.

To *err* is human. To blame someone else is politics.

HUBERT H. HUMPHREY

Irren ist menschlich. Jemand anderen zu beschuldigen, ist Politik.

We must build a kind of the United States of *Europe*.

SIR WINSTON CHURCHILL

Wir müssen eine Art Vereinigte Staaten von Europa errichten.

Every sweet has its sour; every *evil* its good.

RALPH WALDO EMERSON

Alles Süße hat sein Saures; alles Böse sein Gutes.

I believe, every human has a finite number of heartbeats. I don't intend to waste any of mine running around doing *exercises*.

NEIL ARMSTRONG

Ich glaube, dass jeder Mensch eine begrenzte Anzahl von Herzschlägen hat. Ich beabsichtige nicht, meine damit zu verschwenden, dass ich herumrenne und Sport mache.

Several *excuses* are always less convincing than one.

ALDOUS HUXLEY

Viele Entschuldigungen sind immer weniger überzeugend als eine.

The basic fact about human *existence* is not that it is a tragedy, but that it is a bore.

H. L. MENCKEN

Die fundamentale Tatsache der menschlichen Existenz ist nicht, dass sie eine Tragödie ist, sondern dass sie langweilig ist.

Experience teaches slowly and at the cost of mistakes.

JAMES A. FROUDE

Die Erfahrung lehrt langsam, und ihr Preis sind Fehler.

In times of rapid change, *experience* could be your worst enemy.

JOHN PAUL GETTY

In Zeiten raschen Wandels könnte Erfahrung dein schlimmster Feind sein.

The major difference between rats and people is that rats learn from *experience*.

B. F. SKINNER

Der Hauptunterschied zwischen Ratten und Menschen ist der, dass Ratten aus Erfahrungen lernen.

Experience is a hard teacher because she gives the test first, the lesson afterwards.

VERNON SANDERS LAW

Die Erfahrung ist ein harter Lehrer, weil sie dich erst der Prüfung unterzieht und dir anschließend die Lehrstunde gibt.

Marriage is the triumph of imagination over intelligence. Second marriage is the triumph of hope over *experience*.

OSCAR WILDE

Die Heirat ist der Triumph der Einbildungskraft über die Intelligenz. Die zweite Heirat ist der Triumph der Hoffnung über die Erfahrung.

Experience is the name everyone gives to his mistakes.

OSCAR WILDE

Erfahrung ist der Name, den jeder seinen Fehlern gibt.

Experience is one thing you can't get for nothing.

OSCAR WILDE

Erfahrung ist eines der Dinge, die man nicht umsonst bekommen kann.

An expert is a man who has stopped thinking. Why should he think? He is an *expert*.

FRANK LLOYD WRIGHT

Ein Experte ist ein Mensch, der aufgehört hat zu denken. Warum sollte er auch denken? Er ist doch ein Experte.

Never *explain*. Your friends do not need it and your enemies will not believe you anyway.

ELBERT G. HUBBARD

Gib niemals Erklärungen ab. Deine Freunde brauchen sie nicht, und deine Feinde werden dir ohnehin nicht glauben.

Exuberance is beauty.

WILLIAM BLAKE

Übermaß ist Schönheit.

No object is mysterious. The mystery is your *eye*.

ELIZABETH BOWEN

Kein Gegenstand ist geheimnisvoll. Das Geheimnis ist dein Auge.

F

If I were two-*faced*, would I be wearing this one?

ABRAHAM LINCOLN

Wenn ich zwei Gesichter hätte, würde ich dann dieses tragen?

I want to grow old without *facelifts*.

MARILYN MONROE

Ich möchte alt werden, ohne mich liften zu lassen.

Facts are more powerful than arguments.

THOMAS PAINE

Tatsachen sind mächtiger als Argumente.

Failure is simply the opportunity to begin again, this time more intelligently.

HENRY FORD

Das Scheitern ist lediglich die Chance von Neuem zu beginnen, und es diesmal intelligenter anzufangen.

To acknowledge the presence of fear is to give birth to *failure*.

KATHERINE MANSFIELD

Die Gegenwart von Angst anzuerkennen, ist die Geburt des Scheiterns.

Failure is the condiment that gives success its flavor.

TRUMAN CAPOTE

Das Scheitern ist das Gewürz, das dem Erfolg seinen Geschmack gibt.

It's fine to celebrate success but it is more important to heed the lessons of *failure*.

BILL GATES

Es ist gut, Erfolge zu feiern, aber es ist wichtiger, die Lektionen des Misserfolgs zu beachten.

It is not *fair* to ask of others what you are not willing to do yourself.

ELEANOR ROOSEVELT

Es ist nicht anständig, von anderen etwas zu verlangen, das man selbst nicht zu tun bereit ist.

Young men want to be *faithful*, and are not; old men want to be faithless, and cannot.

OSCAR WILDE

Junge Männer wollen treu sein und sind es nicht; alte Männer wollen treulos sein und können es nicht.

Faithless is he that says farewell when the road darkens.

J. R. R. Tolkien

Treulos ist derjenige, der sich verabschiedet, wenn die Straße dunkel wird.

Familiarity breeds contempt – and children.

Mark Twain

Vertrautheit bringt Verachtung hervor – und Kinder.

The kingdoms of *fantasy* and mirth are longlasting and not of this world.

V. S. Pritchett

Die Königreiche der Fantasie und Fröhlichkeit sind langlebig und nicht von dieser Welt.

Fashion is a form of ugliness so intolerable that we have to alter it every six months.

Oscar Wilde

Mode ist eine Art Hässlichkeit, die so unerträglich ist, dass wir sie alle sechs Monate ändern müssen.

Fashion is what one wears oneself. What is unfashionable is what other people wear.

Oscar Wilde

Mode ist, was man selbst trägt. Unmodisch ist, was andere Leute tragen.

Every generation laughs at the old *fashions*, but follows religiously the new.

HENRY DAVID THOREAU

Jede Generation lacht über die alten Moden, folgt aber der Neuen wie einer Religion.

The best of men cannot suspend their *fate*: the good die early, and the bad die late.

DANIEL DEFOE

Die besten Menschen können ihr Schicksal nicht aufhalten: Die Guten sterben früh, die Schlechten sterben spät.

One *father* is more than thousand school-masters.

GEORGE HERBERT

Ein Vater ist mehr wert als tausend Schulmeister.

Fathers should bei neither seen nor heard. That is the only proper basis for family life.

OSCAR WILDE

Väter sollte man weder sehen noch hören. Das ist die einzig richtige Basis für das Familienleben.

Don't find *fault*, find a remedy.

HENRY FORD

Suche nicht nach Fehlern, suche nach einer Lösung.

To find a girl's *faults*, praise her to her girlfriends.

BENJAMIN FRANKLIN

Willst du die Schwächen eines Mädchens herausfinden, lobe sie vor ihren Freundinnen.

The oldest and strongest emotion of mankind is *fear*. And the oldest and strongest kind of fear is fear of the unknown.

H. P. LOVECRAFT

Das älteste und stärkste Gefühl der Menschheit ist die Angst. Und die älteste und stärkste Form der Angst ist die Angst vor dem Unbekannten.

The only thing we have to fear is *fear* itself.

FRANKLIN D. ROOSEVELT

Das Einzige, wovor wir uns fürchten müssen, ist die Furcht.

I *fear* I am not in my perfect mind.

WILLIAM SHAKESPEARE

Ich befürchte, ich bin nicht ganz bei Trost.

Fear ist an instrument of great sagacity, and a herald of all revolutions.

RALPH WALDO EMERSON

Angst ist ein Instrument großer Klugheit und ein Bote aller Revolutionen.

You gain strength, courage and confidence by every experience by which you really stop to look *fear* in the face.

ELEANOR ROOSEVELT

Man gewinnt an Stärke, Mut und Zuversicht durch jede Erfahrung, bei der man wirklich inne hält, um der Angst ins Gesicht zu blicken.

The brave man is not he who does not feel afraid, but he who conquers that *fear*.

NELSON MANDELA

Ein mutiger Mensch ist nicht einer, der keine Angst hat, sondern einer, der diese Angst besiegt.

Fear is the tax that conscience pays to guilt.

GEORGE SEWELL

Angst ist die Steuer, die das Gewissen der Schuld bezahlt.

The difference between *fiction* and reality is that fiction has to make sense.

TOM CLANCY

Der Unterschied zwischen Fiktion und Realität ist, dass die Fiktion Sinn ergeben muss.

I *fight* on, I fight to win.

MAGARET THATCHER

Ich kämpfe weiter, ich kämpfe, um zu gewinnen.

The length of a *film* should be directly related to the endurance of the human bladder.

ALFRED HITCHCOCK

Die Länge eines Films sollte in direkter Abhängigkeit zur Ausdauer der menschlichen Blase stehen.

You certainly usually *find* something if you look, but it is not always quite the something you were after.

J.R . R.TOLKIEN

Sicher findet man gewöhnlicherweise etwas, wenn man sucht, doch ist es nicht immer ganz das, worauf man aus war.

Fish an guests stink after three days.

BENJAMIN FRANKLIN

Fische und Gäste stinken nach drei Tagen.

There's a fine line between *fishing* and just standing on the shore like an idiot.

STEVEN WRIGHT

Zu angeln und einfach nur wie ein Idiot am Ufer zu stehen, sind Aktivitäten, die sehr nah beisammen liegen.

I love *flying*. I've been to almost as many places as my luggage.

BOB HOPE

Ich liebe das Fliegen. Ich bin an fast so vielen Orten gewesen wie mein Gepäck.

There is no sincerer love than the love of *food*.

GEORGE BERNARD SHAW

Es gibt keine aufrichtigere Liebe als die Liebe zum Essen.

Part of the secret of success in life is to eat what you like and let the *food* fight it out inside.

MARK TWAIN

Ein Teil des Geheimnisses eines erfolgreichen Lebens liegt darin, zu essen, was man will, und dann das Essen den inneren Kampf austragen zu lassen.

Only Irish coffee provides in a single glass all four essential *food groups*: alcohol, caffeine, sugar and fat.

ALEX LEVINE

Nur Irish Coffee enthält in einem einzigen Glas alle vier lebenswichtigen Nährstoffgruppen: Alkohol, Koffein, Zucker und Fett.

A *fool* sees not the same tree that a wise man sees.

WILLIAM BLAKE

Ein Narr sieht nicht denselben Baum, den ein weiser Mann sieht.

If the *fool* would persist in his folly he would become wise.

WILLIAM BLAKE

Würde der Narr auf seiner Narretei beharren, würde er weise werden.

O! I am Fortune's *fool*.

William Shakespeare

O! Ich bin der Narr des Schicksals.

No man really becomes a *fool* until he stops asking questions.

Charles P. Steinmetz

Ein Mensch wird erst dann wirklich zum Narren, wenn er aufhört, Fragen zu stellen.

A common mistake that people make when trying to design something completely *foolproof* is to underestimate the ingenuity of complete fools.

Douglas Adams

Ein verbreiteter Fehler, den Menschen machen, wenn sie versuchen etwas Idiotensicheres zu entwickeln, liegt darin, den Einfallsreichtum kompletter Idioten zu unterschätzen.

A *fool's* brain digests philosophy into folly, science into superstition and art into pedantry.

George Bernard Shaw

Das Gehirn eines Dummkopfs verdaut Philosophie zu Irrsinn, Wissenschaft zu Aberglaube und Kunst zu Pedanterie.

Fools and Madmen tell commonly the truth.

Robert Burton

Narren und Wahnsinnige sagen für gewöhnlich die Wahrheit.

The gods do not protect *fools*. Fools are protected by more capable fools.

LARRY NIVEN

Es sind nicht die Götter, die die Narren beschützen. Narren werden von fähigeren Narren beschützt.

Some people think *football* is a matter of life and death. I don't like that attitude. I can assure them it is much more serious than that.

BILL SHANKLY

Manche Menschen denken, Fußball sei eine Frage von Leben und Tod. Ich mag diese Einstellung nicht. Ich kann ihnen versichern, dass es sehr viel ernster ist als das.

The direct use of *force* is such a poor solution to any problem, it is generally employed only by small children and large nations.

DAVID FRIEDMAN

Der direkte Gebrauch von Gewalt ist eine derart armselige Lösung jeden Problems, dass sie in der Regel nur bei Kleinkindern und großen Nationen zum Einsatz kommt.

Few can *foresee* whither their road will lead them, till they come to it's end.

J. R. R. TOLKIEN

Wenige können vorhersehen, wohin ihr Weg sie führen wird, ehe sie nicht an sein Ende gelangt sind.

We can *forgive* you for killing our sons. But we will never forgive you for making us kill yours.

GOLDA MEIR

Wir können euch vergeben, dass ihr unsere Söhne getötet habt. Aber wir werden euch niemals vergeben, dass ihr uns dazu gebracht habt, die euren zu töten.

When in disgrace with *fortune* and men's eyes, I all alone beweep my outcast state.

WILLIAM SHAKESPEARE

Wenn mich Fortuna und der Menschen Augen schmähen, beweine ich allein die Einsamkeit.

The lovely thing about being *forty* is that you can appreciate twenty-five-year-old men more.

COLLEEN McCULLOUGH

Das Herrliche daran, vierzig zu sein, ist es, dass man fünfundzwanzigjährige Männer mehr schätzen kann.

When *forty* winters shall besiege thy brow and deep treches in thy beauty's field …

WILLIAM SHAKESPEARE

Wenn vierzig Winter deine Stirn beschweren und tiefe Furchen ziehen durch deiner Schönheit Flur …

Fair is *foul* and foul is fair.

WILLIAM SHAKESPEARE

Recht ist schlecht und schlecht ist recht.

Frailty, thy name is woman.

William Shakespeare

Schwachheit, dein Name ist Weib.

I intend no modification of my oft-expressed personal wish that all men everywhere could be *free*.

Abraham Lincoln

Ich beabsichtige keine Abänderung meines oftmals geäußerten persönlichen Wunsches, dass alle Menschen aller Orts frei sein könnten.

Freedom is never more than one generation away from extinction.

Ronald Reagan

Die Freiheit ist nie mehr als eine Generation von der Auslöschung entfernt.

To enjoy *freedom* we have to control ourselves.

Virginia Woolf

Um die Freiheit zu genießen, müssen wir uns selbst beherrschen.

War is peace. *Freedom* is slavery. Ignorance is strength.

George Orwell

Krieg ist Frieden. Freiheit ist Sklaverei. Unwissenheit ist Stärke.

Those who deny *freedom* to others deserve it not for themselves.

ABRAHAM LINCOLN

Wer anderen die Freiheit verwehrt, verdient sie selbst nicht.

In the end, we will remember not the words of our enemies, but the silence of our *friends*.

MARTIN LUTHER KING JR.

Letztendlich werden wir uns nicht an die Worte unserer Feinde erinnern, sondern an das Schweigen unserer Freunde.

My *friends* were poor but honest.

WILLIAM SHAKESPEARE

Meine Freunde waren arm, aber ehrlich.

True *friends* stab you in the front.

OSCAR WILDE

Wahre Freunde erstechen dich von vorn.

Friendship is certainly the finest balm for the pangs of disappointed love.

JANE AUSTEN

Freundschaft ist gewiss die beste Linderung für die Schmerzen einer enttäuschten Liebe.

It was a *friendship* founded on business, which is a lot better than a business founded on friendship.

JOHN D. ROCKEFELLER

Es war eine Freundschaft, die auf Geschäftlichem beruhte, was viel besser ist als ein Geschäft, das auf einer Freundschaft beruht.

Friendship with oneself is all-important because without it one cannot be friends with anybody else in the word.

ELEANOR ROOSEVELT

Die Freundschaft mit sich selbst ist von allumfassender Wichtigkeit, weil man ohne sie mit keinem anderen Menschen auf der Welt befreundet sein kann.

Friendship is constant in all other things save in the office and affairs of love.

WILLIAM SHAKESPEARE

Freundschaft ist beständig in allen Dingen, nur in der Liebe Dienst und Händel nicht.

Between men and women their is no *friendship* possible.

OSCAR WILDE

Zwischen Männern und Frauen ist keine Freundschaft möglich.

Everything is *funny* as long as it is happening to somebody else.

WILL ROGERS

Alles ist komisch, solange es jemand anderem passiert.

Beware the *fury* of a patient man.

JOHN DRYDEN

Hüte dich vor der Rage eines geduldigen Menschen.

The *future* is like heaven – everyone exalts it, but no one wants to go there now.

JAMES BALDWIN

Die Zukunft ist wie der Himmel – jeder preist ihn, aber keiner möchte jetzt schon hingehen.

The best way to predict the *future* is to invent it.

ALAN KAY

Der beste Weg, die Zukunft vorherzusagen, ist, sie zu erfinden.

My interest is in the *future* because I am going to spend the rest of my life there.

CHARLES KETTERING

Mein Interesse gilt der Zukunft, denn dort werde ich den Rest meines Lebens verbringen.

The *future* belongs to those who believe in the beauty of their dreams.

ELEANOR ROOSEVELT

Die Zukunft gehört denen, die an die Schönheit ihrer Träume glauben.

The *future*, according to some scientists, will be exactly like the past, only far more expensive.

JOHN SLADEK

Die Zukunft wird einigen Wissenschaftlern zufolge genauso wie die Vergangenheit sein, nur sehr viel teurer.

G

Every day our *garments* become more assimilated to ourselves.

HENRY DAVID THOREAU

Unsere Kleidung wird uns jeden Tag ähnlicher.

We are more prone to *generalize* the bad than the good. We assume that the bad is more potent and contagious.

ERIC HOFFER

Wir neigen eher dazu, das Schlechte zu verallgemeinern als das Gute. Wir vermuten, dass das Schlechte mächtiger und ansteckender ist.

Genius without education is like silver in the mine.

BENJAMIN FRANKLIN

Genialität ohne Bildung ist wie Silber im Bergwerk.

The public is wonderfully tolerant. They forgive everything except *genius*.

OSCAR WILDE

Die Öffentlichkeit ist wunderbar tolerant. Sie vergibt alles, außer Genialität.

I put all my *genius* into my life; I put only my talent into my works.

OSCAR WILDE

Ich habe meine ganze Genialität in mein Leben gesteckt. In meine Werke habe ich nur mein Talent gesteckt.

Genius is one per cent inspiration, ninety-nine per cent perspiration.

THOMAS ALVA EDISON

Genialität ist ein Prozent Inspiration und 99 Prozent Schweiß.

No real *gentleman* will tell the naked truth in the presence of ladies.

MARK TWAIN

Kein wahrer Kavalier sagt die nackte Wahrheit in Anwesenheit von Damen.

Vex not his *ghost*!

WILLIAM SHAKESPEARE

Ärgere seinen Geist nicht!

Thou art thy mother's *glass* and she in thee calls back the lovely April of her prime.

WILLIAM SHAKESPEARE

Du bist der Spiegel deiner Mutter, und sie ruft in dir den Frühling ihrer Jugend zurück.

The new electronic interdependence recreates the world in the image of a *global* village.

MARSHAL MCLUHAN

Die neue gegenseitige elektronische Abhängigkeit erschafft die Welt im Abbild eines globalen Dorfes neu.

We all are worms, but I do believe I am a *glow-worm*.

SIR WINSTON CHURCHILL

Wir alle sind Würmer, aber ich glaube, ich bin ein Glühwürmchen.

I talk to *God*, but the sky is empty.

SYLVIA PLATH

Ich spreche zu Gott, aber der Himmel ist leer.

Some people say there is a *God*; others say there is no God. The truth probably lies somewhere in between.

WILLIAM BUTLER YEATS

Manche Leute sagen, es gibt einen Gott; andere Leute sagen, es gibt keinen Gott. Die Wahrheit wird wohl irgendwo dazwischen liegen.

If we get federal government out of the classroom, maybe we'll get *God* back in.

RONALD REAGAN

Wenn wir die Regierung aus dem Klassenzimmer herausbekommen, bekommen wir Gott vielleicht wieder hinein.

God helps them that help themselves.

BENJAMIN FRANKLIN

Gott hilft denen, die sich selbst helfen.

If you want to make *God* laugh, tell him your future plans.

WOODY ALLEN

Wenn du Gott zum Lachen bringen möchtest, erzähl' ihm deine Zukunftspläne.

I could prove *God* statistically.

GEORGE GALLUP

Ich könnte Gott statistisch nachweisen.

And *God* said, 'Let there be light' and there was light, but the Electricity Board said he would have to wait until Thursday to be connected.

SPIKE MILLIGAN

Und Gott sagte, ‚Es werde Licht', und es wurde Licht, aber die Elektrizitätsbehörde sagte, er müsste bis Donnerstag auf seinen Anschluss warten.

Children are *God's* spies.

ELIZABETH BOWEN

Kinder sind die Spione Gottes.

All *gods* are dead except the god of war.

ELDRIDGE CLEAVER

Alle Götter sind tot mit Ausnahme des Kriegsgottes.

The uglier a man's legs are, the better he plays *golf*.

H. G. WELLS

Je hässlicher die Beine eines Mannes sind, desto besser spielt er Golf.

If you can't make it good, at least make it look *good*.

BILL GATES

Wenn du es nicht gut machen kannst, mach' es wenigstens so, dass es gut aussieht.

Gossip is the opiate of the oppressed.

ERICA JONG

Tratsch ist das Opium der Unterdrückten.

If *government* could create jobs and raise children, socialism would have worked.

GEORGE GILDER

Wenn eine Regierung Jobs schaffen und Kinder aufziehen könnte, hätte der Sozialismus funktioniert.

I believe there is something out there watching over us. Unfortunately, it's the *government*.

WOODY ALLEN

Ich glaube, dass dort draußen etwas ist, das auf uns aufpasst. Unglücklicherweise ist es die Regierung.

If the *government* is big enough to give you everything you want, it is big enough to take away everything you have.

GERALD FORD

Wenn die Regierung mächtig genug ist, dir alles zu geben, was du willst, dann ist sie auch mächtig genug, dir alles wegzunehmen, was du hast.

I don't know jokes – I just watch the *government* and report the facts.

WILL ROGERS

Ich kenne keine Witze; ich beobachte nur die Regierung und berichte Tatsachen.

Every decent man is ashamed of the *government* he lives under.

H. L. MENCKEN

Jeder anständige Mensch schämt sich der Regierung, unter der er lebt.

That *government* is best which governs least.

THOMAS PAINE

Die Regierung, die am wenigsten regiert, ist die beste.

A *government* is the only known vessel that leaks from the top.

JAMES RESTON

Eine Regierung ist das einzige Schiff, von dem bekannt ist, dass es an der Spitze leckt.

Government can easily exist without laws, but law cannot exist without government.

BERTRAND RUSSELL

Eine Regierung kann problemlos ohne Gesetze existieren, aber das Gesetz kann nicht ohne Regierung bestehen.

We have become a *grandmother*.

MARGARET THATCHER

Wir sind Großmutter geworden.

Keep away from people who try to belittle your ambition. Small people always do that, but the really *great* make you feel that you, too, can become great.

MARK TWAIN

Halte dich fern von Leuten, die deinen Ehrgeiz kleinzureden versuchen. Kleine Leute tun das immer, doch die wirklich Großen lassen dich spüren, dass auch du groß werden kannst.

There are no great limits to *growth* because there are no limits of human intelligence, imagination, and wonder.

RONALD REAGAN

Es gibt keine sonderlichen Beschränkungen des Wachstums, weil die Intelligenz, Vorstellungskraft und der Wissensdurst des Menschen schrankenlos sind.

H

Happiness is not a goal, it is a by-product.

Eleanor Roosevelt

Glück ist kein Ziel, es ist ein Nebenprodukt.

A lifetime of *happiness*: no man alive could bear it: it would be hell on earth.

George Bernhard Shaw

Lebenslanges Glück: Kein Lebender könnte es ertragen; es wäre die Hölle auf Erden.

One of the keys to *happiness* is a bad memory.

Rita Mae Brown

Einer der Schlüssel zum Glück ist ein schlechtes Gedächtnis.

Ask yourself whether you are *happy* and you cease to be so.

John Stuart Mill

Frage dich, ob du glücklich bist, und du wirst aufhören, es zu sein.

If only we'd stop trying to be *happy* we could have a pretty good time.

EDITH WHARTON

Wenn wir nur endlich damit aufhören würden, dauernd zu versuchen glücklich zu sein, könnten wir eine wirklich gute Zeit haben.

Hatred paralyzes life; love releases it. Hatred confuses life; love harmonizes it. Hatred darkens life; love illumines it.

MARTIN LUTHER KING, JR.

Der Hass lähmt das Leben, die Liebe befreit es. Der Hass verwirrt das Leben, die Liebe bringt es in Einklang. Der Hass verdunkelt das Leben, die Liebe erhellt es.

I will make you shorter by one *head*.

ELIZABETH I.

Ich werde Euch einen Kopf kürzer machen.

Never close your lips to those whom you have opened your *heart*.

CHARLES DICKENS

Verschließe deine Lippen nie denjenigen gegenüber, denen du dein Herz geöffnet hast.

When a young man complains that a young lady has no *heart*, it is a pretty certain sign that she has his.

GEORGE D. PRENTICE

Wenn ein junger Mann sich beklagt, dass eine junge Dame kein Herz habe, ist es ein untrügliches Zeichen dafür, dass sie das seine hat.

My *heart* is ever at your service.

WILLIAM SHAKESPEARE

Mein Herz steht Euch immer zu Diensten.

To wear your *heart* on your sleeve isn't a very good plan; you should wear it inside, where it functions best.

MARGARET THATCHER

Das Herz auf der Zunge zu tragen ist kein guter Plan; man sollte es innen tragen, wo es am besten funktioniert.

There shall be eternal summer in the grateful *heart*.

CELIA THAXTER

In einem dankbaren Herzen wird ewiger Sommer sein.

Sticks and stones will break our bones, but words will break our *hearts* …

ROBERT FULGHUM

Stöcke und Steine brechen unsere Knochen, aber Worte brechen unsere Herzen …

There is no humor in *heaven*.

MARK TWAIN

Im Himmel gibt es keinen Humor.

I never give them [the public] *hell*. I just tell the truth, and they think it is hell.

HARRY S. TRUMAN

Ich mache ihnen nie die Hölle heiß. Ich sage nur die Wahrheit, und sie denken, es sei die Hölle.

Show me a *hero* and I will write you a tragedy.

F. SCOTT FITZGERALD

Zeig' mir einen Helden, und ich schreibe dir eine Tragödie.

Heroes can be found less in large things than in small ones, less in public than in private.

JAMES BALDWIN

Helden können weniger in großen Dingen als in kleinen gefunden werden, weniger in der Öffentlichkeit als im Privaten.

If *high heels* were so wonderful, men would be wearing them.

SUE GRAFTON

Wenn High-heels so wunderbar wären, würden Männer sie tragen.

After climbing a great *hill*, one only finds that there are many more hills to climb.

NELSON MANDELA

Nachdem man einen großen Hügel erklommen hat, findet man lediglich heraus, dass es noch viele weitere Hügel zu erklimmen gibt.

We cannot escape *history*.

ABRAHAM LINCOLN

Wir können der Geschichte nicht entkommen.

History will be kind to me for I intend to write it.

SIR WINSTON CHURCHILL

Die Geschichte wird es gut mit mir meinen, denn ich habe vor, sie zu schreiben.

Hegel was right when he said that we learn from history that men never learn anything from *history*.

GEORGE BERNARD SHAW

Hegel hatte recht, wenn er sagte, dass wir aus der Geschichte lernen, dass der Mensch nie etwas aus der Geschichte lernt.

When you think of the long and gloomy *history* of man, you will find more hideous crimes have been committed in the name of obedience than have ever been committed in the name of rebellion.

C. P. Snow

Wenn man an die lange und düstere Geschichte der Menschen denkt, wird man erkennen, dass mehr grauenvolle Verbrechen im Namen des Gehorsams begangen wurden, als jemals im Namen der Rebellion verübt wurden.

My personal *hobbies* are reading, listening to music, and silence.

Edith Sitwell

Meine Hobbys sind Lesen, Musikhören und Stille.

A *hobby* a day keeps the doldrums away.

Phyllis McGinley

Ein Hobby pro Tag hält die Depressionen fern.

In *Hollywood* a marriage is a success if it outlasts milk.

Rita Rudner

In Hollywood gilt eine Ehe als Erfolg, wenn sie länger hält als die Milch.

I myself do nothing. The *Holy Spirit* accomplishes all through me.

William Blake

Ich selbst tue nichts. Der Heilige Geist vollbringt alles durch mich.

When a man who is honestly mistaken hears the truth, he will either quit being mistaken or cease to be *honest*.

Abraham Lincoln

Wenn ein Mensch, der sich aufrichtig irrt, die Wahrheit hört, wird er entweder aufhören, sich zu irren, oder aufhören, aufrichtig zu sein.

It is a fine thing to be *honest*, but it is very important for a prime minister to be right.

Sir Winston Churchill

Es ist eine gute Sache, ehrlich zu sein, aber für einen Premierminister ist es sehr wichtig, im Recht zu sein.

An *honest* man is the noblest work of God.

Alexander Pope

Ein ehrlicher Mann ist das edelste Werk Gottes.

Honesty is the first chapter of the book of wisdom.

Thomas Jefferson

Ehrlichkeit ist das erste Kapitel im Buch der Weisheit.

Honolulu – it's got everything. Sand for the children, sun for the wife, sharks for the wife's mother.

KEN DODD

Honolulu – es hat alles. Sand für die Kinder, Sonne für die Ehefrau, Haie für die Schwiegermutter.

Brutus is an *honourable* man.

WILLIAM SHAKESPEARE

Brutus ist ein ehrenwerter Mann.

A *horse!* A horse! My kingdom for a horse!

WILLIAM SHAKESPEARE

Ein Pferd! Ein Pferd! Mein Königreich für ein Pferd!

Household tasks are easier and quicker when they are done by somebody else.

JAMES THORPE

Hausarbeit ist einfacher und schneller, wenn sie von jemand anderem gemacht wird.

I am a marvelous *housekeeper*. Every time I leave a man I keep his house.

ZSA ZSA GABOR

Ich bin eine großartige Haushälterin. Jedes Mal, wenn ich einen Mann verlasse, behalte ich sein Haus.

A *human being* is an animal suspended in webs of significance which he himself has spun.

CLIFFORD GEERTZ

Ein Mensch ist ein Tier, das in Netzen der Bedeutsamkeit hängt, die es sich selbst gesponnen hat.

Human history becomes more and more a race between education and catastrophe.

H. G. WELLS

Die Menschheitsgeschichte wird mehr und mehr zu einem Wettlauf zwischen Bildung und Katastrophe.

The remarkable thing about the *human mind* is its range of limitations.

CELIA GREEN

Das Bemerkenswerte am menschlichen Geist ist das Ausmaß seiner Beschränkungen.

There is no *human problem* which could not be solved if people would simply do as I advise.

GORE VIDAL

Es gibt kein menschliches Problem, das nicht gelöst werden könnte wenn die Menschen einfach nur das tun würden, was ich ihnen rate.

Defining and analyzing *humor* is a pastime of humorless people.

ROBERT BENCHLEY

Die Definition und Analyse von Humor ist ein Zeitvertreib humorloser Menschen.

There's no trick to be a *humorist* when you have the whole government working for you.

WILL ROGERS

Es ist keine Kunst, ein Humorist zus ein, wenn die ganze Regierung für einen arbeitet.

A Conservative Government is an organised *hypocrisy*.

BENJAMIN DISRAELI

Eine konservative Regierung ist eine organisierte Heuchelei.

I

You can live in the shadow of an *idea* without grasping it.

ELIZABETH BOWEN

Man kann im Schatten einer Idee leben, ohne sie zu begreifen.

A mediocre *idea* that generates enthusiasm will go further than a great idea that inspires no one.

MARY KAY ASH

Eine zweitklassige Idee, die Begeisterung erzeugt, kommt weiter als eine großartige Idee, die niemanden anspricht.

The greatest *ideas* are the simplest.

WILLIAM GOLDING

Die großartigsten Ideen sind die einfachsten.

The best way to have a good idea is to have lots of *ideas*.

LINUS PAULING

Der beste Weg, eine gute Idee zu haben, ist, viele Ideen zu haben.

I am an *idealist* without illusions.

JOHN F. KENNEDY

Ich bin ein Idealist ohne Illusionen.

It is impossible to enjoy *idling* thoroughly unless one has plenty of work to do.

JEROME K. JEROME

Es ist unmöglich, den Müßiggang ausgiebig zu genießen, wenn man nicht eine Menge zu tun hat.

Not *ignorance*, but ignorance of ignorance is the death of knowledge.

ALFRED NORTH WHITEHEAD

Nicht die Unwissenheit, sondern die Unwissenheit um die Unwissenheit ist der Tod des Wissens.

It is dangerous to let the public behind the scenes. They are easiliy disillusioned and they are angry with you, for it was the *illusion* they loved.

W. SOMERSET MAUGHAM

Es ist gefährlich, die Zuschauer hinter die Kulissen zu lassen. Sie sind schnell desillusioniert, und dann werden sie böse, denn es war die Illusion, die sie geliebt haben.

Don't part with your *illusions*. When they have gone, you may still exist, but you have ceased to live.

MARK TWAIN

Trenne dich nicht von deinen Illusionen. Wenn du sie verloren hast, magst du vielleicht noch existieren, doch du hast aufgehört zu leben.

When people are free to do as they please, they usually *immitate* each other.

ERIC HOFFER

Wenn die Menschen frei sind, das zu tun, was ihnen gefällt, ahmen sie sich für gewöhnlich gegenseitig nach.

Our hope of *immortality* does not come from any religion, but nearly all religions come from that hope.

ROBERT G. INGERSOLL

Unsere Hoffnung auf Unsterblichkeit entstammt nicht irgendeiner Religion, aber fast alle Religionen entstammen dieser Hoffnung.

To *impress* others we must be earnest; to amuse them, it is only necessary to be kindly and fanciful.

HENRY THEODORE TUCKERMAN

Um andere zu beeindrucken, muss man ernsthaft sein; um sie zu belustigen, reicht es, liebenswürdig und verschroben zu sein.

If Galileo had said *in verse* that the world moved, the Inquisition might have let him alone.

THOMAS HARDY

Wenn Galileo in Versform gesagt hätte, dass die Welt sich dreht, hätte die Inquisition ihn vielleicht in Ruhe gelassen.

The *income tax* people are very nice. They're letting me keep my own mother.

THOMAS HARDY

Die Leute von der Einkommenssteuer sind sehr nett. Sie erlauben mir, meine eigene Mutter zu behalten.

There is nothing in this world constant, but *inconstancy*.

JONATHAN SWIFT

Es gibt nichts Beständiges auf der Welt außer der Unbeständigkeit.

The worst sin towards our fellow creatures is not to hate them, but to be *indifferent* to them.

GEORGE BERNARD SHAW

Die schlimmste Sünde gegen unsere Mitmenschen es ist nicht, sie zu hassen, sondern ihnen gleichgültig gegenüberzustehen.

The ultimate *indignity* is to be given a bedpan by a stranger who calls you by your first name.

MAGGIE KUHN

Die äußerste Demütigung ist es, von einem Fremden eine Bettpfanne zu bekommen, der dich beim Vornamen nennt.

There is no *indispensable* man.

FRANKLIN D. ROOSEVELT

Niemand ist unentbehrlich.

Inflation is the parent of unemployment and the unseen robber of those who have saved.

MARGARET THATCHER

Die Inflation ist die Mutter der Arbeitslosigkeit und eine unsichtbare Räuberin von Ersparnissen.

Information is the currency of democracy.

THOMAS JEFFERSON

Information ist die Währung der Demokratie.

Never tell people how to do things. Tell them what to do and they will surprise you with their *ingenuity*.

GEORGE PATTON

Sag einem Menschen niemals, wie er etwas tun soll. Sag ihm, was er tun soll, und du wirst von seinem Einfallsreichtum überrascht sein.

I don't suffer from *insanity* but enjoy every minute of it.

EDGAR ALLAN POE

Ich leide nicht an Wahnsinn, aber genieße jede Minute davon.

An *injury* is much sooner forgotten than an insult.

LORD CHESTERFIELD

Eine Verletzung ist viel schneller vergessen als eine Beleidigung.

An *intellectual* is a man who takes more words than necessary to tell more than he knows.

DWIGHT. D. EISENHOWER

Ein Intellektueller ist ein Mensch, der mehr Worte gebraucht als nötig und mehr erzählt als er weiß.

An *intellectual* is a person who has discovered something more interesting than sex.

ALDOUS HUXLEY

Ein Intellektueller ist eine Person, die etwas Interessanteres entdeckt hat als Sex.

The ability to focus attention on important things is a defining characteristic of *intelligence*.

ROBERT J. SHILLER

Die Fähigkeit, seine Aufmerksamkeit auf wichtige Dinge zu konzentrieren, ist eine der grundlegenden Eigenschaften der Intelligenz.

Do not always assume the other fellow has *intelligence* equal to yours. He may have more.

TERRY THOMAS

Gehe nicht immer davon aus, dass der andere Bursche den gleichen Intelligenzgrad besitzt wie du. Er hat vielleicht einen höheren.

You can use all the quantitative data you can get, but you still have to distrust it and use your own *intelligence* and judgment.

ALVIN TOFFLER

Man kann alle quantitativen Daten ausschöpfen, die man bekommen kann, aber man muss ihnen immer misstrauen und seine eigene Intelligenz und Urteilsvermögen gebrauchen.

If you always do what *interests* you, at least one person is pleased.

KATHARINE HEPBURN

Wenn du immer das tust, was dich interessiert, ist wenigstens eine Person zufrieden.

If it was raining soup, the *Irish* would go out with forks.

BRENDAN BEHAN

Wenn es Suppe regnen würde, würden die Iren mit Gabeln rausgehen.

If you want to bore an *Irishman*, play him an Irish melody, or introduce him to another Irishman.

George Bernard Shaw

Wenn du einen Iren langweilen willst, dann spiel' ihm eine irische Melodie oder stell' ihm einen anderen Iren vor.

An *iron* curtain has descended across the Continent.

Sir Winston Churchill

Ein eiserner Vorhang hat sich über den Kontinent gesenkt.

Irony is a bitter truth wrapped up in a little joke.

Hilda Doolittle

Ironie ist eine in einen kleinen Witz gehüllte bittere Wahrheit.

J

If you have to ask what *jazz* is, you'll never know.

LOUIS ARMSTRONG

Wenn man nachfragen muss, was Jazz ist, wird man es nie wissen.

Jazz came to America three hundred years ago in chains.

PAUL WHITEMAN

Der Jazz kam vor 300 Jahren in Ketten nach Amerika.

Jazz is about the only form of art existing today in which there is freedom of the individual without the loss of group contact.

DAVE BRUBECK

Jazz ist so ziemlich die einzige heute existierende Kunstform, bei der der Einzelne frei sein kann, ohne den Gruppenkontakt zu verlieren.

It is not love that is blind, but *jealousy*.

LAWRENCE DURRELL

Nicht die Liebe ist blind, sondern die Eifersucht.

A *jest* breaks no bones.

SAMUEL JOHNSON

Ein Scherz bricht keine Knochen.

A *jest* never gains over an enemy, but often loses a friend.

THOMAS FULLER D. J.

Ein Scherz bringt dir nie einen Sieg über einen Feind ein, aber er kostet dich nicht selten einen Freund.

Will the people in the cheaper seats clap your hands? All the rest of you, just rattle your *jewellery*.

JOHN LENNON

Die Leute auf den billigen Plätzen klatschen bitte in die Hände. Der Rest braucht nur mit den Juwelen zu rasseln.

I don't want any yes-men around me. I want everyone to tell me the truth – even if it costs him his *job*.

SAMUEL GOLDWYN

Ich will keine Ja-Sager um mich herum haben. Ich will, dass mir jeder die Wahrheit sagt – sogar wenn es ihn seinen Job kostet.

The person who knows "how" will always have a *job*. The person who knows "why" will always be his boss.

DIANE RAVITCH

Die Person, die weiß „wie“, wird immer Arbeit haben. Die Person, die weiß „warum“, wird immer deren Chef sein.

You could read Kant by yourself, if you wanted; but you must share a *joke* with someone else.

ROBERT LOUIS STEVENSON

Kant kann man allein lesen, wenn man wollte. Einen Witz aber muss man mit jemandem teilen.

I don't mind making *jokes*, but I don't want to look like one.

MARILYN MONROE

Ich habe nichts dagegen, Witze zu machen, aber ich will nicht wie einer aussehen.

A thing of beauty is a *joy* forever.

JOHN KEATS

Ein Ding der Schönheit ist eine Freude auf ewig.

At twenty years of age, the will reigns; at thirty, the wit; and at forty the *judgment*.

BENJAMIN FRANKLIN

Mit 20 Jahren regiert der Wille, mit 30 der Esprit, mit 40 das Urteilsvermögen.

K

We are the only animals that let our *kids* come back home.

BILL COSBY

Wir sind die einzigen Tiere, die ihre Kinder zurück nach Hause kommen lassen.

I know a man who gave up smoking, drinking, sex, and rich food. He was healthy right up to the time he *killed* himself.

JOHNNY CARSON

Ich kenne einen Mann, der das Rauchen, Trinken, Sex und reichhaltiges Essen aufgegeben hat. Er war die ganze Zeit über bis zu seinem Selbstmord gesund.

Kindness is more important than wisdom, and the recognition of this is the beginning of wisdom.

THEODORE I. RUBIN

Güte ist wichtiger als Weisheit, und das zu erkennen, ist der Beginn der Weisheit.

All *kings* are mostly rapscallions.

MARK TWAIN

Alle Könige sind hauptsächlich Schurken.

Kiss me Kate, we will married o' Sunday.

WILLIAM SHAKESPEARE

Küss mich, Kate, wir werden am Sonntag verheiratet sein.

To *know* that we know what we know, and that we do not know what we do not know, that is true knowledge.

HENRY DAVID THOREAU

Zu wissen, dass wir wissen, was wir wissen, und zu wissen, dass wir nicht wissen, was wir nicht wissen, ist wahres Wissen.

We do not *know* one millionth of one per cent about anything.

THOMAS ALVA EDISON

Wir wissen nicht einmal ein Millionstel Prozent von irgendetwas.

The old believe everything, the middle-aged suspect everything, the young *know* everything.

OSCAR WILDE

Alte Menschen glauben alles, Menschen mittleren Alters misstrauen allem, junge Menschen wissen alles.

A man does not *know* what he is saying until he knows what he is not saying.

G. K. CHESTERTON

Man weiß nicht, was man sagt, bis man weiß, was man nicht sagt.

Who *knows* little often repeats.

THOMAS FULLER

Wer wenig weiß, wiederholt es oft.

L

If you talk to a man in a *language* he understands, that goes to his head. If you talk to him in his language, that goes to his heart.

NELSON MANDELA

Spricht man mit einem Menschen in einer Sprache, die er versteht, steigt ihm das zu Kopfe. Spricht man mit ihm in seiner eigenen Sprache, geht es ihm zu Herzen.

It is of immense importance to learn to *laugh* at ourselves.

KATHERINE MANSFIELD

Es ist von ungeheurer Wichtigkeit, dass wir lernen, über uns selbst zu lachen.

Laugh at yourself first, before anyone else can.

ELSA MAXWELL

Lache zuerst über dich selbst, bevor es ein anderer tun kann.

Laughter is the shortest distance between two people.

VICTOR BORGE

Lachen ist die kürzeste Distanz zwischen zwei Menschen.

A day without *laughter* is a day wasted.

CHARLIE CHAPLIN

Ein Tag ohne Lachen ist ein vergeudeter Tag.

Nothing can confound a wise man more than *laughter* from a dunce.

LORD BYRON

Nichts kann einen Weisen mehr verwirren als das Gelächter eines Dummkopfs.

Man is distinguished from all other creatures by the facility of *laughter*.

JOSEPH ADDISON

Der Mensch unterscheidet sich von allen anderen Geschöpfen durch seine Fähigkeit zu lachen.

Every *law* is an infraction of liberty.

JEREMY BENTHAM

Jedes Gesetz ist eine Verletzung der Freiheit.

Laws are like cobwebs, which may catch small flies, but let wasps and hornets break through.

JONATHAN SWIFT

Gesetze sind wie Spinnennetze, die kleine Fliegen fangen mögen, aber Wespen und Hornissen durchbrechen lassen.

Lawyers are the only persons in whom ignorance of the law is not punished.

JEREMY BENTHAM

Anwälte sind die einzigen Personen, bei denen die Unkenntnis des Gesetzes nicht bestraft wird.

The art of *leadership* is saying no, not yes. It is very easy to say yes.

TONY BLAIR

Die Kunst zu führen liegt darin, nein zu sagen, nicht ja. Es ist sehr leicht, ja zu sagen.

He was so *learned* that he could name a horse in nine languages; so ignorant that he bougth a cow to ride on.

BENJAMIN FRANKLIN

Er war so gebildet, dass er ein Pferd in neun Sprachen benennen konnte, und so ignorant, dass er eine Kuh kaufte, um auf ihr zu reiten.

To be proud of *learning* is the greatest ignorance.

JEREMY TAYLOR

Auf Bildung stolz zu sein, ist die größte Art von Unwissenheit.

A man is never more truthful than when he acknowledges himself to be a *liar*.

MARK TWAIN

Ein Mensch ist nie ehrlicher, als wenn er zugibt, ein Lügner zu sein.

Never chase a *lie*. Let it alone, and it will run itself to death.

LYMAN BEECHER

Verfolge nie eine Lüge. Überlass sie sich selbst, und sie wird sich selbst totlaufen.

A *lie* gets halfway around the world before the truth has a chance to get its pants on.

SIR WINSTON CHURCHILL

Eine Lüge geht um die halbe Welt, ehe sich die Wahrheit auch nur die Hosen angezogen hat.

Any fool can tell the truth; it takes talent to *lie* well.

ROBERT LUDLUM

Jeder Narr kann die Wahrheit sagen; es braucht Talent, um gut zu lügen.

I don't tell deliberate *lies*, but sometimes you have to be evasive.

MARGARET THATCHER

Ich lüge nicht vorsätzlich, aber manchmal muss man um den heißen Brei herumreden.

I do believe her, though I know she *lies*.

WILLIAM SHAKESPEARE

Ich glaube ihr, obwohl ich weiß, dass sie lügt.

Life is to be lived.

KATHARINE HEPBURN

Das Leben ist da, um gelebt zu werden.

Dost thou love *life*? Then do not squander time, for that's the stuff life is made of.

BENJAMIN FRANKLIN

Liebst du das Leben? Dann vergeude keine Zeit, denn das ist der Stoff, aus dem das Leben gemacht ist.

Life is a foreign language; all men mispronounce it.

CHRISTOPHER MORLEY

Das Leben ist eine Fremdsprache; ein jeder spricht sie falsch aus.

I think my greatest ambition in *life* is to pass on to others what I know.

FRANK SINATRA

Ich glaube, mein größter Ehrgeiz im Leben ist, anderen weiterzugeben, was ich weiß.

Life is too short for men to take it seriously.

GEORGE BERNARD SHAW

Das Leben ist zu kurz, als dass die Menschen es ernst nehmen könnten.

Life never becomes a habit to me. It's always a marvel.

KATHERINE MANSFIELD

Das Leben wird mir nie zur Gewohnheit. Es ist immer ein Wunder.

Life does not cease to be funny when people die, any more than it ceases to be serious when people laugh.

GEORGE BERNARD SHAW

Das Leben hört nicht auf, lustig zu sein, wenn Menschen sterben; genauso wenig wie es aufhört, ernst zu sein, wenn Menschen lachen.

Life is much too important a thing ever to talk seriously about.

OSCAR WILDE

Das Leben ist eine viel zu wichtige Sache, um je ernsthaft darüber zu reden.

There are three intolerable things in *life* – cold coffee, lukewarm champagne, and overexcited women.

ORSON WELLES

Es gibt drei unerträgliche Dinge im Leben – kalter Kaffee, lauwarmer Champagner und überreizte Frauen.

And in the end it's not the years in your *life* that count. It is the life in your years.

ABRAHAM LINCOLN

Und am Ende zählt nicht, wie viele Jahre dein Leben umfasst. Was zählt ist, wie viel Leben in deinen Jahren steckt.

Our whole *life* is like a play.

BEN JONSON

Unser ganzes Leben ist wie ein Schauspiel.

Life is what happens when you are making other plans.

JOHN LENNON

Leben ist, was passiert, wenn du gerade andere Pläne machst.

Everything that happens in *life* is there to aid our spiritual growth.

M. SCOTT PECK

Alles, was im Leben passiert, ist dazu da, unser geistiges Wachstum zu fördern.

A *life* is not important except in the impact it has on other lives.

JACKIE ROBINSON

Ein Leben ist unwichtig, mit Ausnahme des Einflusses, den es auf die Leben anderer hat.

The hardest thing to learn in *life* is which bridge to cross and which to burn.

DAVID RUSSELL

Das Schwierigste im Leben ist es, zu lernen, welche Brücke man überquert und welche man hinter sich abbricht.

Life's an uncertain voyage.

WILLIAM SHAKESPEARE

Das Leben ist eine unsichere Reise.

You cannot truly *listen* to anyone and do anything else at the same time.

M. SCOTT PECK

Man kann nicht wirklich jemandem zuhören und gleichzeitig etwas anderes tun.

Who *listens* once will listen twice.

LORD BYRON

Wer einmal zuhört, wird auch ein zweites Mal zuhören.

Literature is a drug.

GEORGE BORROW

Literatur ist eine Droge.

Live every day like it's your last.

FRANK SINATRA

Lebe jeden Tag, als wäre er dein letzter!

It is silliness to *live* when to live is torment.

WILLIAM SHAKESPEARE

Es ist eine Torheit zu leben, wenn das Leben zur Qual wird.

May you *live* all the days of your life.

JONATHAN SWIFT

Mögest du alle Tage deines Lebens leben.

You only *live* once, but if you do it right, once is enough.

MAE WEST

Du lebst nur einmal, aber wenn du es richtig machst, ist einmal genug.

To *live* is the rarest thing in the world. Most people exist, that is all.

OSCAR WILDE

Leben ist das Seltenste auf der Welt. Die meisten Menschen existieren, mehr nicht.

So long as man can breathe, or eyes can see, so long *lives* this, and this life to thee.

WILLIAM SHAKESPEARE

Solange Menschen atmen, Augen sehen, solang lebt dies, und dies gibt dir das Leben.

If I am *legend*, then why am I so lonely?

JUDY GARLAND

Wenn ich eine Legende bin, warum bin ich dann so einsam?

As long as a woman can *look* ten years younger than her own daughter, she is perfectly satisfied.

OSCAR WILDE

Solange eine Frau zehn Jahre jünger als ihre eigene Tochter aussehen kann, ist sie vollkommen zufrieden.

There are two million interesting people in New York and only seventy-eight in *Los Angeles*.

NEIL SIMON

Es gibt zwei Millionen interessanter Menschen in New York und nur achtundsiebzig in Los Angeles.

You can't win unless you learn how to *lose*.

KAREEM ABDUL-JABBAR

Du kannst nicht gewinnen, wenn du nicht gelernt hast, wie man verliert.

Lottery: A tax on people who are bad at math.

AMBROSE BIERCE

Lotterie: Eine Steuer für Menschen, die schlecht in Mathematik sind.

Love looks through a telescope; envy, through a microscope.

JOSH BILLINGS

Die Liebe blickt durch ein Teleskop; der Neid durch ein Mikroskop.

For *love* is immortality.

EMILY DICKINSON

Denn Liebe ist Unsterblichkeit.

The more you are motivated by *love*, the more fearless and free your actions will be.

KATHERINE MANSFIELD

Je stärker du durch die Liebe motiviert bist, desto furchtloser und freier werden deine Handlungen sein.

Never forget that the most powerful force on earth is *love*.

NELSON A. ROCKEFELLER

Vergiss nie, dass die Liebe die stärkste Kraft auf Erden ist.

Love is not love until love's vulnerable.

THEODORE ROETHKE

Die Liebe ist keine Liebe, bevor sie nicht verwundbar ist.

I believe that unarmed truth and unconditional *love* will have the final word in reality.

MARTIN LUTHER KING JR.

Ich glaube, dass unbewaffnete Wahrheit und bedingungslose Liebe das letzte Wort in der Wirklichkeit haben werden.

Not many people have ever died of *love*. But multitudes have perished, and are perishing every hour – and in the oddest places! – for the lack of it.

JAMES BALDWIN

Nicht viele Menschen sind je aus Liebe gestorben. Doch eine Vielzahl sind gestorben und sterben in jeder Stunde und an den seltsamsten Orten aus Mangel an Liebe.

Saving *love* doesn't bring any interest.

MAE WEST

Liebe zu sparen, erbringt keine Zinsen.

Where there is great *love*, there are always miracles.

WILLA CATHER

Wo die Liebe stark ist, da gibt es immer Wunder.

If two people *love* each other, there can be no happy end to it.

ERNEST HEMINGWAY

Wenn sich zwei Menschen lieben, kann es kein Happy End geben.

If you want to read about *love* and marriage, you have to buy two separate books.

ALAN KING

Wenn man über Liebe und Ehe lesen möchte, muss man sich zwei verschiedene Bücher kaufen.

Love is a dirty trick played upon us to achieve the continuation of the species.

W. SOMERSET MAUGHAM

Die Liebe ist ein mieser Trick, um den Erhalt der Spezies zu sichern.

True *love* comes quietly, without banners or flashing lights. If you hear bells, get your ears checked.

ERICH SEGAL

Wahre Liebe kommt leise, ohne Fahnen oder Blitzlichter. Wenn du Glockenläuten hörst, lass' deine Ohren untersuchen.

Love is a devil.

WILLIAM SHAKESPEARE

Die Liebe ist ein Teufel.

Love looks not with the eyes, but with the mind.

WILLIAM SHAKESPEARE

Die Liebe schaut nicht mit den Augen, sondern mit dem Geist.

Love is a little haven of refuge from the world.

BERTRAND RUSSELL

Die Liebe ist ein kleiner Ort der Zuflucht vor der Welt.

We are all born for *love*. It is the principle of existence, and its only end.

BENJAMIN DISRAELI

Wir sind alle für die Liebe geboren worden. Sie ist das Prinzip des Lebens und sein einziger Zweck.

The course of true *love* never did run smooth.

WILLIAM SHAKESPEARE

Wahre Liebe verlief noch nie problemlos.

A man can be happy with any woman as long as he does not *love* her.

OSCAR WILDE

Ein Mann kann mit jeder Frau glücklich werden, solange er sie nicht liebt.

The first duty of *love* is to listen.

PAUL TILLICH

Die erste Pflicht der Liebe ist zuhören.

To *love* oneself is the beginning of a life-long romance.

OSCAR WILDE

Eigenliebe ist der Beginn einer lebenslangen Romanze.

All really great *lovers* are articulate, and verbal seduction is the surest road to actual seduction.

MARYA MANNES

Alle wirklich großartigen Liebhaber können sich gut ausdrücken, und mündliche Verführung ist der sicherste Weg zu wirklicher Verführung.

Some folk want their *luck* buttered.

THOMAS HARDY

Manche Leute wollen Butter aufs Glück.

M

One *machine* can do the work of fifty ordinary men. No machine can do the work of one extraordinary man.

ELBERT HUBBARD

Eine Maschine kann die Arbeit von 50 gewöhnlichen Männern machen. Keine Maschine kann die Arbeit eines außergewöhnlichen Mannes machen.

We are all born *mad*. Some remain so.

SAMUEL BECKETT

Wir werden alle wahnsinnig geboren. Manche bleiben es.

Science has not yet tought us if *madness* is or is not the sublimity of the intelligence.

EDGAR ALLAN POE

Die Wissenschaft hat uns bisher nicht sagen können, ob der Wahnsinn die Sublimierung der Intelligenz ist oder nicht.

Though this be *madness*, yet there is method in it.

WILLIAM SHAKESPEARE

Mag dies auch Wahnsinn sein, hat es doch Methode.

Whenever you find yourself on the side of the *majority*, it's time to pause and reflect.

MARK TWAIN

Wann immer du dich auf der Seite der Mehrheit befindest, wird es Zeit, innezuhalten und nachzudenken.

I am prepared to meet my *Maker*. Whether my Maker is prepared for the great ordeal of meeting me is another question.

SIR WINSTON CHURCHILL

Ich bin bereit, meinen Schöpfer zu treffen. Ob mein Schöpfer für die große Nervenprobe, mich zu treffen, bereit ist, ist eine andere Frage.

Man is the only animal whose desires increase as they are fed; the only animal that is never satisfied.

HENRY GEORGE

Der Mensch ist das einzige Tier, dessen Begierde steigt, je mehr sie bedient wird; das einzige Tier, das niemals befriedigt ist.

The ultimate measure of a *man* is not where he stands in moments of comfort and convenience, but where he stands at times of challenge and controversy.

MARTIN LUTHER KING, JR.

Der höchste Maßstab für einen Menschen ist nicht, wo er in Momenten des Trosts und der Annehmlichkeit steht, sondern wo er in Zeiten von Herausforderungen und Auseinandersetzungen steht.

A *man* can be destroyed but not defeated.

ERNEST HEMINGWAY

Ein Mann kann zerstört, aber nicht besiegt werden.

Behind every successful *man* is a surprised woman.

MARYON PEARSON

Hinter jedem erfolgreichen Mann steht eine überraschte Frau.

Woman might be able to fake orgasms. But *man* can fake whole relationships.

SHARON STONE

Eine Frau kann vielleicht einen Orgasmus vortäuschen. Aber ein Mann kann eine ganze Beziehung vortäuschen.

The key to being a good *manager* is keeping the people who hate me away from those who are still undecided.

CASEY STENGEL

Der Schlüssel dazu, ein guter Manager zu sein, ist es, die Leute die einen hassen von denen fern zu halten, die noch unentschlossen sind.

Most *managers* were trained to be the thing they most despise – bureaucrats.

ALVIN TOFFLER

Die meisten Manager werden dazu ausgebildet, das zu sein, was sie meisten verachten – Bürokraten.

The political problem of *mankind* is to combine three things: economic efficiency, social justice and individual liberty.

JOHN MAYNARD KEYNES

Das politische Problem der Menschheit ist die Kombination von drei Dingen: ökonomischer Effizienz, sozialer Gerechtigkeit und individueller Freiheit.

Ignorance and inconsideration are the two great causes of the ruin of *mankind*.

JOHN TILLOTSON

Unwissenheit und Rücksichtslosigkeit sind die beiden größten Ursachen für den Untergang der Menschheit.

Good *manners* will open doors that the best education cannot.

CLARENCE THOMAS

Gute Manieren öffnen Türen, die selbst der besten Ausbildung verschlossen bleiben.

Marriage is a wonderful institution. But who wants to live in an institution?

GROUCHO MARX

Die Ehe ist eine wundervolle Institution. Aber wer will schon in einer Institution leben?

Keep your eyes wide open before your *marriage*, half shut afterwards.

BENJAMIN FRANKLIN

Halte deine Augen weit offen vor deiner Heirat und halb geschlossen danach.

The most happy *marriage* I can picture or imagine to myself would be the union of a deaf man to a blind woman.

SAMUEL TAYLOR COLLERIDGE

Die glücklichste Ehe, die ich mir ausmalen oder vorstellen kann, wäre die Verbindung eines tauben Mannes mit einer blinden Frau.

Marriage is give and take. You'd better give it to her or she'll take it anyway.

JOEY ADAMS

Die Ehe ist ein Geben und Nehmen. Du gibst es ihr besser, oder sie nimmt es sich einfach selbst.

A successful *marriage* requires falling in love many times, always with the same person.

MIGNON MCLAUGHLIN

Eine glückliche Ehe erfordert, dass man sich viele Male verliebt – immer in dieselbe Person.

Marriage is the alliance of two people, one of whom never remembers birthdays and the other never forgets them.

OGDEN NASH

Die Ehe ist das Bündnis zweier Menschen, von denen sich einer nie an Geburtstage erinnert, und der andere sie nie vergisst.

I never *married* because there was no need. I have three pets at home which answer the same purpose as a husband. I have a dog which growls every morning, a parrot which swears all afternoon and a cat that comes home late at night.

MARIE CORELLI

Ich habe nie geheiratet, weil es nicht nötig war. Ich habe drei Tiere zu Hause die den gleichen Zweck erfüllen wie ein Ehemann. Ich habe einen Hund, der jeden Morgen knurrt, einen Papagei, der den ganzen Nachmittag flucht und eine Katze, die spät nach Hause kommt.

One should always be in love. That is the reason one should never *marry*.

OSCAR WILDE

Man sollte immer verliebt sein. Das ist der Grund, warum man nie heiraten sollte.

Men *marry* because they are tired; women because there are curious. Both are disappointed.

OSCAR WILDE

Männer heiraten, weil sie müde sind; Frauen, weil sie neugierig sind. Beide werden enttäuscht.

Martyrdom is the only way in which a man can become famous without ability.

GEORGE BERNARD SHAW

Das Märtyrertum ist die einzige Art und Weise, auf die ein Mensch ohne Fähigkeiten berühmt zu werden vermag.

When love and skill work together, expect a *masterpiece*.

JOHN RUSKIN

Wenn Liebe und Geschick zusammen arbeiten, kannst du mit einem Meisterstück rechnen.

A *mathematician* is a blind man in a dark room looking for a black cat, which isn't there.

CHARLES DARWIN

Ein Mathematiker ist ein Blinder in einem dunklen Raum, der nach einer schwarzen Katze sucht, die nicht da ist.

Whoever controls the *media* – the images – controls the culture.

ALLEN GINSBERG

Wer die Medien kontrolliert – die Bilder –, kontrolliert die Kultur.

Whoever controls the *media*, controls the mind.

KURT VONNEGUT

Wer die Medien kontrolliert, kontrolliert den Verstand.

The *media's* the most powerful entity on earth. They have the power to make the innocent guilty and to make the guilty innocent.

MALCOM X

Die Medien sind die mächtigste Institution der Welt. Sie haben die Macht, aus Unschuldigen Schuldige und aus Schuldigen Unschuldige zu machen.

The desire to take *medicine* is perhaps the greatest feature which distinguishes man from animals.

SIR WILLIAM OSLER

Das Verlangen, Medizin zu nehmen, ist vielleicht das auffälligste Merkmal, das den Menschen vom Tier unterscheidet.

If a problem causes many *meetings*, the meetings eventually become more important than the problem.

ARTHUR BLOCH

Wenn ein Problem viele Meetings erforderlich macht, dann werden die Meetings irgendwann wichtiger als das Problem.

The souvereign source of *melancholy* is repletion.

WILLIAM JAMES

Der wesentliche Grund für Melancholie ist Sättigung.

Tell us, pray, what devil this *melancholy* is, which can transform men into monsters.

JOHN FORD

Sag' uns, bitte, welcher Teufel diese Melancholie ist, die Männer in Ungeheuer zu verwandeln mag.

America is a *melting pot*; the people at the bottom get burned while all the scum floats to the top.

CHARLIE KING

Amerika ist ein Schmelztiegel. Die Leute am Boden brennen an, während der ganze Abschaum nach oben treibt.

I hear that *melting pot* stuff a lot, and all I can say is that we haven't melted.

JESSE JACKSON

Ich höre oft von diesem Schmelztiegel-Zeug; alles, was ich sagen kann, ist, dass wir noch nicht verschmolzen sind.

Memory feeds imagination.

AMY TAN

Die Erinnerung nährt die Vorstellungskraft.

When women are depressed they either eat or go shopping. *Men* invade another country.

ELAYNE BOOSLER

Wenn Frauen depressiv sind, essen sie entweder oder gehen einkaufen. Männer fallen in ein anderes Land ein.

Men and women, women and men. It will never work.

ERICA JONG

Männer und Frauen, Frauen und Männer. Es wird nie funktionieren.

Sometimes I wonder if *men* and women really suit each other. Perhaps they should live next door, and just visit now and then.

KATHARINE HEPBURN

Manchmal frage ich mich, ob Männer und Frauen wirklich zusammenpassen. Vielleicht sollten sie lieber Nachbarn sein und sich nur ab und zu besuchen.

Can you imagine a world without *men*? No crime and lots of happy fat women.

NICOLE HOLLANDER

Kannst du dir eine Welt ohne Männer vorstellen? Kein Verbrechen und eine Menge glücklicher fetter Frauen.

The idea that *men* are created free and equal is both true and misleading: men are created different; they lose their social freedom and their individual autonomy in seeking to become like each other.

DAVID RIESMAN

Der Gedanke, dass alle Menschen frei und gleich erschaffen sind, ist wahr und gleichzeitig irreführend; Menschen verlieren ihre gesellschaftliche Freiheit und ihre persönliche Unabhängigkeit in dem Streben, so wie alle anderen zu werden.

Men are not prisoners of fate, but prisoners of their own minds.

THEODORE ROOSEVELT

Die Menschen sind nicht Gefangene des Schicksals, sondern die Gefangenen ihres eigenen Geistes.

Some of us are becoming the *men* we wanted to marry.

GLORIA STEINEM

Einige von uns werden zu den Männern, die wir heiraten wollten.

If you stay in Beverly Hills too long you become a *Mercedes*.

ROBERT REDFORD

Wenn man zu lange in Beverly Hills bleibt, wird man zu einem Mercedes.

We shall show *mercy*, but we shall not ask for it.

SIR WINSTON CHURCHILL

Wir sollen Gnade zeigen, aber wir sollen nicht darum bitten.

No one can earn a *million* dollars honestly.

WILLIAM JENNINGS BRYAN

Niemand kann eine Million Dollar auf ehrliche Weise verdienen.

Of all the things I've lost, I miss my *mind* the most.

MARK TWAIN

Von all den Dingen, die ich verloren habe, vermisse ich meinen Verstand am meisten.

Great minds discuss ideas. Average minds discuss events. Small *minds* discuss people.

ELEANOR ROOSEVELT

Große Geister diskutieren Ideen. Durchschnittliche Geister diskutieren über Ereignisse. Kleine Geister diskutieren über Menschen.

I don't mind how much my *ministers* talk, as long as they do what I say.

MARGARET THATCHER

Es ist mir egal, wieviel meine Minister reden, solange sie tun, was ich sage.

Be careful about reading health books. You can die of a *misprint*.

MARK TWAIN

Sei vorsichtig beim Lesen von Gesundheitsratgebern. Du könntest an einem Druckfehler sterben.

What's the sense of sending $ 2 million *missiles* to hit a $ 10 tent that's empty?

GEORGE W. BUSH

Welchen Sinn hat es, 2-Millionen-Dollar-Raketen loszuschicken, um ein leeres 10-Dollar-Zelt zu treffen.

The greatest *mistake* you can make is to be continually fearing you will make one.

ELBERT HUBBARD

Der größte Fehler, den du machen kannst, ist es, ständig Angst zu haben, einen zu machen.

Forget past *mistakes*. Forget failures. Forget everything except what you're going to do now and do it.

William Durant

Vergiss vergangene Fehler. Vergiss Misserfolge. Vergiss alles außer das, was du gerade im Begriff bist zu tun, und tue es.

To avoid situations in which you might make *mistakes* may be the biggest mistake of all.

Peter McWilliams

Situationen zu vermeiden, in denen man Fehler machen könnte, ist vielleicht der größte Fehler von allen.

Mistakes, obviously, show us what needs improving. Without mistakes, how would we know what we had to work on?

Peter McWilliams

Offensichtlich zeigen uns Fehler, was verbessert werden muss. Wie würden wir ohne Fehler wissen, woran wir zu arbeiten haben.

A *modest* man is usually admired – if people ever hear of him.

E. W. Howe

Ein bescheidener Mann wird für gewöhnlich bewundert – wenn man je von ihm hört.

Money is better than poverty, if only for financial reasons.

Woody Allen

Geld ist besser als Armut, wenn auch nur aus finanziellen Gründen.

Remember that time is *money*.

Benjamin Franklin

Denke daran, dass Zeit Geld ist.

Money, it turned out, was exactly like sex; you thought of nothing else if you didn't have it and thought of other things if you did it.

James Baldwin

Geld, so stellte sich heraus, war genau wie Sex. Man dachte an nichts anderes, wenn man es nicht hatte, und an andere Dinge, wenn man es hatte.

If you want to see what God thinks of *money*, just look at all the people He gave it to.

Dorothy Parker

Wenn du wissen willst, was Gott über Geld denkt, schau' dir nur all die Leute an, denen Er es gegeben hat.

When you don't have any *money*, the problem is food. When you have money, it's sex. When you have both it's health.

J. P. Donleavy

Wenn du kein Geld hast, ist das Problem Essen. Wenn du Geld hast, ist es Sex. Wenn du beides hast, ist es die Gesundheit.

Money is like a sixth sense without which you cannot make complete use of the other five.

W. Somerset Maugham

Geld ist wie ein sechster Sinn, ohne den man die anderen fünf nicht vollständig nutzen kann.

Money can't buy happiness, but it does bring you a more pleasant form of misery.

Spike Milligan

Mit Geld kann man kein Glück kaufen, aber es bereitet dir eine angenehmere Form des Elends.

What is the use of *money* if you have to work for it?

George Bernard Shaw

Was nützt einem Geld, wenn man dafür arbeiten muss?

We need to think more about earning *money* and less about making it.

Harold Wilson

Wir müssen uns mehr darüber Gedanken machen, unser Geld zu verdienen, und weniger darüber, Geld zu machen.

My father said: "You must never try to make all the *money* that's in a deal. Let the other fellow make some money too, because if you have a reputation for always making all the money, you won't have many deals."

JOHN PAUL GETTY

Mein Vater sagte: „Du darfst nie versuchen das ganze Geld aus einem Geschäft zu ziehen. Lass den anderen Partner auch etwas Geld verdienen, denn wenn du den Ruf hast, immer das ganze Geld zu kassieren, wirst du nicht viele Geschäfte machen."

If you can count your *money*, you don't have a billion dollars.

JOHN PAUL GETTY

Wenn du dein Geld zählen kannst, hast du keine Milliarde Dollar.

Never spend your *money* before you have it.

THOMAS JEFFERSON

Gib nie dein Geld aus, bevor du es hast.

Lack of *money* is the root of all evil.

GEORGE BERNARD SHAW

Geldmangel ist die Wurzel allen Übels.

Bigamy is having one wife too many. *Monogamy* is the same.

OSCAR WILDE

Bigamie ist eine Frau zu viel zu haben. Monogamie ist das gleiche.

A *monopoly* is a terrible thing until you've got one.

RUPERT MURDOCH

Ein Monopol ist eine schreckliche Sache, bis man selbst eins hat.

Everything's got a *moral,* if you can only find it.

LEWIS CARROLL

Alles hat eine Moral, wenn man sie nur finden kann.

There is a *moral* in everything.

CHARLES DICKENS

Es gibt in allem eine Moral.

Morality is a private und costly luxury.

HENRY ADAMS

Moral ist ein privater und kostspieliger Luxus.

Money, and not *morality,* is the principle of commercial nations.

THOMAS JEFFERSON

Das Geld und nicht die Moral ist der Grundsatz von Handelsnationen.

Morality is simply the attitude we adopt to people whom we personally dislike.

OSCAR WILDE

Moral ist schlichtweg die Haltung, die wir jenen Personen gegenüber einnehmen, die wir nicht mögen.

Early *morning* cheerfulness can be extremely obnoxious.

WILLIAM FEATHER

Fröhlichkeit am frühen Morgen kann äußerst widerwärtig sein.

Lord, what fools these *mortals* are.

WILLIAM SHAKESPEARE

Herr, wie närrisch doch die Menschen sind.

My *mother* buried three husbands, and two of them were just napping.

RITA RUDNER

Meine Mutter beerdigte drei Ehemänner, von denen zwei gerade nur ein Nickerchen machten.

The most remarkable thing about my *mother* is that for thirty years she served the family nothing but leftovers. The original meal has never been found.

CALVIN TRILLIN

Das merkwürdigste an meiner Mutter ist, dass sie dreißig Jahre lang nichts als Essensreste serviert hat. Das ursprüngliche Essen wurde nie gefunden.

Mothers are a biological necessity; fathers are a social invention.

MARGARET MEAD

Mütter sind eine biologische Notwendigkeit; Väter hingegen sind eine gesellschaftliche Erfindung.

Motion pictures need sound as much as Beethoven symphonies need lyrics.

CHARLIE CHAPLIN

Filme brauchen Ton so dringend wie Beethovensymphonien Text brauchen.

When you speak to a man, look on his eyes; when he speaks to you, look on his *mouth*.

BENJAMIN FRANKLIN

Wenn du mit jemandem sprichst, schau ihm in die Augen. Wenn jemand mit dir spricht, schau ihm auf den Mund.

If a million people see my *movie*, I hope they see a million different movies.

QUENTIN TARANTINO

Falls eine Million Menschen meinen Film sehen, hoffe ich, dass sie eine Million verschiedene Filme sehen.

I'm going to be a great *moviestar* someday.

MARILYN MONROE

Eines Tages werde ich ein großer Filmstar sein.

Pure thoughts are dead and still, while lust and *murder* wake to stain and kill.

WILLIAM SHAKESPEARE

Die reinen Seelen liegen todesstumm, nach Blut und Schmach gehen Mord und Wollust um.

Music is the wine that fills the cup of silence.

ROBERT FRIPP

Musik ist der Wein, der den Becher der Stille füllt.

Music is a beautiful opiate, if you don't take it too seriously.

HENRY MILLER

Musik ist ein wunderbares Opiat, wenn man sie nicht allzu ernst nimmt.

Music is the best means we have of digesting time.

W. H. AUDEN

Die Musik ist das beste Mittel, das wir haben, um die Zeit zu verdauen.

Music is well said to be the speech of angels; in fact, nothing among the utterances allowed to man is felt to be so divine. It brings us near to the infinite.

THOMAS CARLYLE

Man sagt treffend, dass die Musik die Sprache der Engel sei. Tatsächlich wird keine der dem Menschen erlaubten Artikulationen als derart göttlich empfunden. Musik bringt uns in die Nähe der Unendlichkeit.

Of all the noises, I think *music* the least disagreeable.

SAMUEL JOHNSON

Von allen Geräuschen halte ich die Musik für das am wenigsten unangenehme.

After silence that which comes nearest to expressing the inexpressible is *music.*

ALDOUS HUXLEY

Nach der Stille ist es die Musik, die das Unaussprechliche am ehesten auszudrücken vermag.

Master your instrument, master the *music,* and then forget all that crap and just play.

CHARLIE PARKER

Beherrsche dein Instrument, beherrsche die Musik, und dann vergesse den ganzen Mist und spiel' einfach.

There are more bad musicians than there is bad *music.*

ISAAC STERN

Es gibt mehr schlechte Musiker als schlechte Musik.

Myths are not believed in, they are conceived and understood.

GEORGE SANTAYANA

An Mythen glaubt man nicht; sie werden angenommen und verstanden.

N

Must a *name* mean something?

LEWIS CARROLL

Muss ein Name etwas bedeuten?

What's in a *name*? That which we call a rose by any other word would smell as sweet.

WILLIAM SHAKESPEARE

Was ist schon ein Name? Was wir eine Rose nennen, würde mit einem anderen Namen genauso süß riechen.

He said true things, but called them by wrong *names*.

ROBERT BROWNING

Er sprach Wahres, nannte es aber beim falschen Namen.

Other people have a *nationality*. The Irish and the Jews have a psychosis.

BRENDAN BEHAN

Andere Völker haben eine Nationalität. Die Iren und die Juden haben eine Psychose.

The great *nations* have always acted like gangsters, and the small nations like prostitutes.

STANLEY KUBRICK

Die großen Nationen haben sich schon immer wie Gangster benommen und die kleinen Nationen wie Prostituierte.

How cunningly *Nature* hides every wrinkle of her inconceivable antiquity under roses and violets and morning dew!

RALPH WALDO EMERSON

Wie raffiniert verbirgt doch die Natur jedes Fältchen ihres unfassbar hohen Alters unter Rosen und Veilchen und Morgentau!

In *nature* there are neither rewards nor punishment – there are consequences.

ROBERT G. INGERSOLL

In der Natur gibt es weder Belohnungen noch Strafen. Es gibt Konsequenzen.

We cannot command *Nature* except by obeying her.

FRANCIS BACON

Wir können über die Natur nicht gebieten, außer wenn wir ihr gehorchen.

New York, the nation's thyroid gland.

CHRISTOPHER MORLEY

New York: die Schilddrüse der Nation.

Nothing travels faster than the speed of light, with the possible exception of bad *news*, which obeys its own set of laws.

DOUGLAS ADAMS

Nichts ist schneller als die Lichtgeschwindigkeit, mit Ausnahme schlechter Nachrichten, die eigenen Gesetzmäßigkeiten folgen.

Early in life I had noticed that no event is ever correctly reported in a *newspaper*.

GEORGE ORWELL

Schon in jungen Jahren hatte ich bemerkt, dass über kein Ereignis jemals korrekt in der Zeitung berichtet wird.

You should always believe what you read in *newspapers*, for that makes them more interesting.

ROSE MACAULEY

Man sollte alles glauben, was man in der Zeitung liest. Das macht sie interessanter.

The man who reads nothing at all is better educated than the man who reads nothing but *newspapers*.

THOMAS JEFFERSON

Derjenige, der gar nichts liest, ist gebildeter, als derjenige, der nur Zeitungen liest.

I'm with you on the free press. It's the *newspapers* I can't stand.

TOM STOPPARD

Ich bin, wie Sie auch, für die freie Presse. Es sind die Zeitungen, die ich nicht ausstehen kann.

O, I have pass'd a miserable *night,* so full of ugly sights, of ghastly dreams.

WILLIAM SHAKESPEARE

Ich hatte eine jämmerliche Nacht, voll hässlicher Gesichter, grausen Träumen.

This *night* methinks is but the daylight sick.

WILLIAM SHAKESPEARE

Diese Nacht scheint mir wie krankes Tageslicht.

It was the *nightingale,* and not the lark.

WILLIAM SHAKESPEARE

Es war die Nachtigall und nicht die Lerche.

Blessed is the man who, having *nothing* to say, abstains from giving us worthy evidence of the fact.

GEORGE ELIOT

Gesegnet ist der Mensch, der, wenn er nichts zu sagen hat, davon Abstand nimmt, uns wortreich von dieser Tatsache Zeugnis abzulegen.

When I want to read a *novel,* I write one.

Benjamin Disraeli

Wenn ich einen Roman lesen will, dann schreibe ich einen.

O

There's no such thing as bad publicitiy except your own *obituary*.

BRENDAN BEHAN

Es gibt keine schlechte Publicity, außer deinen eigenen Nachruf.

Finishing second in the Olympics gets you silver. Finished second in politics gets you *oblivion*.

RICHARD NIXON

Wenn du bei den Olympischen Spielen als Zweiter ankommst, bringt dir das Siber. Wenn du in der Politik als Zweiter ankommst, bringt dir das Vergessenheit.

Obstacles are those frightful things we see when we take our eyes off our goals.

HENRY FORD

Hindernisse sind jene entsetzlichen Dinge, die wir sehen, wenn wir unsere Augen von unserem Ziel abwenden.

An *offense* cannot be wiped out by an apology.

E. W. HOWE

Eine Beleidigung kann nicht durch eine Entschuldigung ausgelöscht werden.

I always arrive late at the *office*, but I make up for it by leaving early.

CHARLES LAMB

Ich komme immer zu spät ins Büro, aber ich mache es wieder gut, indem ich früher gehe.

I don't feel *old* – I don't feel anything until noon. Then it's time for my nap.

BOB HOPE

Ich fühle mich nicht alt; ich fühle gar nichts vor 12 Uhr Mittag. Dann ist es Zeit für mein Mittagsschläfchen.

I will never give in to *old* until I become old. And I'm not old yet!

TINA TURNER

Ich werde mich nicht dem Alter beugen, bevor ich alt werde. Und ich bin noch nicht alt!

Old age is always fifteen years older than I am.

BERNARD M . BARUCH

Alter ist immer fünfzehn Jahre älter als ich bin.

Cherish all your happy moments: they make a fine cushion for *old age*.

CHRISTOPHER MORLEY

Pflege all' deine glücklichen Momente: Sie bereiten dir ein herrliches Kissen für das Alter.

There is no such thing as an *omen*. Destiny does not send us heralds. She is too wise or too cruel for that.

OSCAR WILDE

Es gibt keine Omen. Das Schicksal schickt uns keine Boten. Dafür ist es entweder zu weise oder zu grausam.

Our own *opinion* is never wrong.

THOMAS FULLER D.J.

Unsere eigene Meinung liegt nie falsch.

I tolerate with the utmost latitude the right of others to differ from me in *opinion*.

THOMAS JEFFERSON

Mit äußerster Toleranz akzeptiere ich das Recht anderer Menschen, anderer Meinung zu sein als ich.

Every *opinion* reacts on him who utters it.

RALPH WALDO EMERSON

Jede Meinung ruft bei demjenigen eine Reaktion hervor, der sie äußert.

Opinion is ultimately determined by the feelings, and not by the intellect.

HERBERT SPENCER

Eine Meinung wird letztendlich von den Gefühlen bestimmt und nicht vom Verstand.

The sound of tireless voices is the price we pay for the right to hear the music of our own *opinions*.

ADLAI STEVENSON

Der Klang unermüdlicher Stimmen ist der Preis, den wir für das Recht zahlen, die Musik unserer eigenen Ansichten zu hören.

I have *opinions* of my own – strong opinions – but I don't always agree with them.

GEORGE BUSH

Ich habe eigene Ansichten, unerschütterliche Ansichten, aber ich stimme nicht immer mit ihnen überein.

Men who borrow their *opinions* can never repay their debts.

LORD HALIFAX

Menschen, die sich ihre Ansichten von anderen borgen, können ihre Schulden nie zurückzahlen.

The Catholic and the Communist are alike in assuming that an *opponent* cannot be both honest and intelligent.

GEORGE ORWELL

Der Katholik und der Kommunist teilen die Annahme, dass ein Gegner nicht gleichzeitig ehrlich und intelligent sein kann.

It is not enough to open the gates of *opportunity*. All of our citizens must have the ability to walk through those gates.

LYNDON B.JOHNSON

Es reicht nicht, die Tore der Chancengleichheit zu öffnen. Alle unsere Bürger müssen auch die Fähigkeit haben, durch diese Tore hindurchzugehen.

There is no security in this life. There is only *opportunity*.

DOUGLAS MACARTHUR

Es gibt keine Sicherheit im Leben. Es gibt nur Gelegenheiten.

A pessimist sees the difficulty in every *opportunity*; an optimist sees the opportunity in every difficulty.

SIR WINSTON CHURCHILL

Ein Pessimist sieht in jeder Chance potentielle Schwierigkeiten; ein Optimist sieht in jeder Schwierigkeit eine Chance.

An *orator* is a man who says what he thinks and feels what he says.

WILLIAM JENNINGS BRYAN

Ein Redner ist ein Mann, der sagt, was er denkt, und fühlt, was er sagt.

Here comes an *orator*, with his flood of words and his drop of reason.

BENJAMIN FRANKLIN

Hier kommt ein Redner mit seiner Flut von Worten und seinem Tropfen Verstand.

I have left *orders* to be awakened at any time in case of national emergency, even if I'm in a cabinet meeting.

RONALD REAGAN

Ich habe den Befehl erlassen, jederzeit wegen eines nationalen Notfalls geweckt zu werden, auch wenn ich in einer Kabinettssitzung bin.

The courage to imagine the *otherwise* is our greatest resource.

DANIEL BOORSTIN

Der Mut, sich das Andere vorzustellen, ist unser größtes Potenzial.

P

A *paleface* is always made with two tongues.

JAMES FENIMORE COOPER

Ein Bleichgesicht wird immer mit gespaltener Zunge erschaffen.

When the eagles are silent, the *parrots* begin to jabber.

SIR WINSTON CHURCHILL

Wenn die Adler still sind, beginnen die Papageien zu quasseln.

Those who cannot remember the *past* are condemned to repeat it.

GEORGE SANTAYANA

Wer sich nicht an die Vergangenheit erinnern kann, ist dazu verdammt, sie zu wiederholen.

Do not go where the *path* may lead; instead, go where there is no path and leave a trail.

RALPH WALDO EMERSON

Geh' nicht, wohin der Weg dich führt, sondern geh' dort, wo es keinen Weg gibt, und hinterlasse eine Spur.

Our *patience* will achieve more than our force.

EDMUND BURKE

Unsere Geduld wird mehr erreichen als unsere Kraft.

Abused *patience* turns to fury.

MARGARET FULLER

Missbrauchte Geduld verwandelt sich in Wut.

I am extraordinarily *patient*, provided I get my own way in the end.

MARGARET THATCHER

Ich bin außergewöhnlich geduldig, vorausgesetzt, ich setze am Ende meinen Willen durch.

We must be *patient* – making peace is harder than making war.

ADLAI STEVENSON

Wir müssen geduldig sein; Frieden zu schließen ist schwieriger als Krieg zu führen.

Patriotism is the willingness to kill and be killed for trivial reasons.

BERTRAND RUSSELL

Patriotismus ist die Bereitschaft, aus trivialen Gründen zu töten und getötet zu werden.

The more you sweat in *peace*, the less you bleed in war.

George Patton

Je mehr man im Frieden schwitzt, desto weniger blutet man im Krieg.

To be prepared for war is one of the most effective means of preserving *peace*.

George Washington

Auf den Krieg vorbereitet zu sein, ist das erfolgreichste Mittel, den Frieden zu bewahren.

Great *peacemakers* are all people of integrity, of honesty, but humility.

Nelson Mandela

Alle großen Friedensstifter sind Menschen von Redlichkeit, Ehrlichkeit, aber auch Bescheidenheit.

The *pen* is mightier than the sword.

Holbrook Jackson

Die Feder ist mächtiger als das Schwert.

Pennies don't fall from heaven. They have to be earned on earth.

Margaret Thatcher

Pennys fallen nicht vom Himmel. Sie müssen auf Erden verdient werden.

All *people* are born alike – except Republicans and Democrats.

Groucho Marx

Alle Menschen werden gleich geboren – außer Republikaner und Demokraten.

There are only two kinds of *people* who are really fascinating – people who know absolutely everything, and people who know absolutely nothing.

Oscar Wilde

Es gibt nur zwei Arten wirklich faszinierender Leute: solche, die absolut alles wissen, und solche, die absolut nichts wissen.

Be nice to *people* on your way up because you'll meet 'em on your way down.

Wilson Mizner

Sei auf dem Weg nach oben nett zu den Menschen, denn du wirst sie auf dem Weg nach unter wieder treffen.

A finished *person* is a boring person.

Anna Quidlen

Ein fertiger Mensch ist ein langweiliger Mensch.

The average *Ph.D. thesis* is nothing but a transference of bones from one graveyard to another.

J. FRANK DOBIE

Die durchschnittliche Doktorarbeit ist nichts anderes als die Umbettung der Knochen von einem Friedhof auf einen anderen.

All are lunatics, but he who can analyze his delusion is called a *philosopher*.

AMBROSE BIERCE

Alle Menschen sind Wahnsinnige; wer aber seinen Wahn analysieren kann, wird Philosoph genannt.

Philosophers are as jealous as women; each wants a monopoly of praise.

GEORGE SANTAYANA

Philosophen sind so eifersüchtig wie Frauen; jeder möchte ein Monopol auf Lobpreisungen haben.

Every *physician* almost hath his favourite disease.

HENRY FIELDING

Fast jeder Arzt hat seine Lieblingskrankheit.

Any fool can paint a *picture*, but it takes a wise man to be able to sell it.

SAMUEL BUTLER

Jeder Narr kann ein Bild malen, aber es bedarf eines weisen Mannes es zu verkaufen.

I am a fond of *pigs*. Dogs look up to us. Cats look down on us. Pigs treat us as equals.

SIR WINSTON CHURCHILL

Ich mag Schweine sehr. Hunde schauen zu uns auf. Katzen schauen auf uns herab. Schweine behandeln uns wie ihresgleichen.

You may have to get up early to get the worm, but you can get *pizza* until midnight.

CHARLES M. SCHULZ

Es mag schon sein, dass man früh aufstehen muss, um einen Wurm zu fangen, aber Pizza bekommt man bis Mitternacht.

If you steal from one author, it's *plagiarism*; if you steal from many, it's research.

WILSON MIZNER

Wenn man von einem Autor abschreibt, heißt das Plagiat; wenn man von vielen Autoren abschreibt, heißt das Forschung.

In preparing for battle I have always found that *plans* are useless, but planning is indispensable.

DWIGHT D. EISENHOWER

Bei der Vorbereitung auf eine Schlacht habe ich stets festgestellt, dass Pläne nutzlos sind, das Planen aber unverzichtbar ist.

You can be pleased with nothing when you are not *pleased* with yourself.

LADY MARY WORTLEY MONTAGU

Man kann mit nichts zufriedengestellt werden wenn man mit sich selbst nicht zufrieden ist.

Not only is there no God, but try getting a *plumber* on weekends.

WOODY ALLEN

Nicht nur, dass es keinen Gott gibt, aber versuchen Sie doch mal, einen Klempner am Wochenende zu bekommen.

A *poem* should not mean but be.

ARCHIBALD MACLEISH

Ein Gedicht sollte nicht bedeuten, sondern sein.

The *poet* is the sayer, the namer, and represents beauty.

RALPH WALDO EMERSON

Der Dichter ist der Sagende, der Benennende, und er verkörpert die Schönheit.

The *poet* is the priest of the invisible.

WALLACE STEVENS

Der Dichter ist der Priester des Unsichtbaren.

A *poet* can survive everything but a misprint.

Oscar Wilde

Ein Dichter kann alles überleben, außer einen Druckfehler.

God created the *poet*, then took a handful of the rubbish that was left and made three critics.

T. J. Thomas

Gott erschuf den Dichter, dann nahm er eine Handvoll von dem Dreck, der übrig blieb, und machte drei Kritiker.

A *poet* is a nightingale, who sits in darkness and sings to cheer its own solitude with sweet sounds.

P. B. Shelley

Ein Dichter ist eine Nachtigall, die in der Dunkelheit sitzt und singt, um sich ihre Einsamkeit mit süßen Klängen aufzuheitern.

It is as unseeing to ask what is the use of *poetry* as it would be to ask what is the use of religion.

Edith Sitwell

Es ist genauso uneinsichtig, nach dem Zweck der Dichtung zu fragen, wie nach dem Zweck der Religion.

This is what all *poets* do: they talk to themselves out loud; and the world overhears them.

George Bernard Shaw

Das ist es, was alle Dichter tun:; Sie sprechen laut mit sich selbst, und die Welt belauscht sie.

If you're playing a *poker game* and you look around the table and can't tell who the sucker is, it's you.

PAUL NEWMAN

Wenn du pokerst und dich am Tisch umsiehst und nicht sagen kannst, wer der Trottel ist, dann bist du es.

I'm not against the *police;* I'm just afraid of them.

ALFRED HITCHCOCK

Ich bin nicht gegen die Polizei, ich habe nur Angst vor ihr.

A good *politician* is quite as unthinkable as an honest burglar.

H. L. MENCKEN

Ein guter Politiker ist genauso unvorstellbar wie ein ehrlicher Einbrecher.

There is no such thing as a non-political speech by a *politician*.

RICHARD NIXON

Es gibt keine unpolitischen Reden eines Politikers.

A professional *politician* is a professional dishonorable man.

H. L. MENCKEN

Ein professioneller Politiker ist ein professionell unehrenhafter Mensch.

The proper memory for a *politician* is one that knows what to remember and what to forget.

JOHN MORLEY

Ein anständiger Politiker braucht ein Gedächtnis, das weiß, an was es sich erinnern muss und was es vergessen soll.

For a *politician* to complain about the press is like a ship's captain complaining about the sea.

ENOCH POWELL

Ein Politiker, der sich über die Presse beklagt, ist wie ein Schiffskapitän, der sich über das Meer beklagt.

Politics is not the art of the possible. It consists of choosing between the disastrous and the unpalatable.

J. K. GALBRAITH

Politik ist nicht die Kunst des Möglichen. Sie besteht aus der Entscheidung zwischen dem Katastrophalen und dem Widerwärtigen.

Politics is supposed to be the second oldest profession. I have come to realize that it bears a very close resemblance to the first.

RONALD REAGAN

Die Politik ist angeblich das zweitälteste Gewerbe. Es ist mir klar geworden, dass es eine sehr große Ähnlichkeit mit dem ältesten besitzt.

In *politics*, nothing happens by accident. If it happens, it was planned that way.

FRANKLIN D. ROOSEVELT

In der Politik passiert nichts zufällig. Wenn es doch passiert, war es so geplant.

Politics is not a bad profession. If you succeed there are many rewards, if you disgrace yourself you can always write a book.

RONALD REAGAN

Die Politik ist kein schlechtes Gewerbe. Wenn man Erfolg hat, gibt es vielfältigen Lohn, wenn man Schande über sich bringt, kann man immer noch ein Buch schreiben.

In *politics* you've to learn that overnight chicken shit can turn to chicken salad.

LYNDON B. JOHNSON

In der Politik musst du lernen, dass sich Hühnerkacke über Nacht in Hühnersalat verwandeln kann.

If you want to succeed in *politics*, you must keep your conscience well under control.

DAVID LLOYD GEORGE

Wenn du in der Politik erfolgreich sein willst, musst du dein Gewissen gut unter Kontrolle halten.

Politics are almost as exciting as war and quite as dangerous. In war you can only be killed once, but in politics – many times.

Sir Winston Churchill

Politik ist fast so aufregend und genauso gefährlich wie der Krieg. Im Krieg kannst du nur einmal getötet werden, in der Politik hingegen viele Male.

I wonder if other dogs think *poodles* are members of a weird religious cult.

Rita Rudner

Ich frage mich, ob andere Hunde denken, dass Pudel Anhänger eines sonderbaren religiösen Kultes sind.

If a free society cannot help the many who are *poor*, it cannot save the few who are rich.

John F. Kennedy

Wenn eine freie Gesellschaft den vielen, die arm sind, nicht helfen kann, dann kann sie auch die wenigen nicht retten, die reich sind.

Having been *poor* is no shame, but being ashamed of it is.

Benjamin Franklin

Arm gewesen zu sein, ist keine Schande; doch sich darüber zu schämen, ist eine.

I would have made a good *pope*.

Richard Nixon

Ich hätte einen guten Papst abgegeben.

The administration, here and now, declares unconditional war on *poverty* in America.

LYNDON B. JOHNSON

Diese Regierung erklärt hier und jetzt der Armut in Amerika den bedingungslosen Krieg.

For knowledge too, is itself *power*.

FRANCIS BACON

Denn auch das Wissen selbst ist Macht.

The greater the *power*, the more dangerous the abuse.

EDMUND BURKE

Je größer die Macht, desto gefährlicher der Missbrauch.

With great *power* comes great responsibility.

STAN LEE

Mit großer Macht kommt große Verantwortung.

Nearly all men can withstand adversity; if you want to test a man's character, give him *power*.

ABRAHAM LINCOLN

Fast alle Menschen können einem Unglück standhalten; wenn du den Charakter eines Menschen testen willst, gib ihm Macht.

The only *power* to which man should aspire is that which he exercises over himself.

ELIE WIESEL

Die einzige Art von Macht, nach der ein Mann streben sollte, ist die über sich selbst.

I will *praise* any man who praises me.

WILLIAM SHAKESPEARE

Ich werde jeden loben, der mich lobt.

He who *praises* everybody, praises nobody.

SAMUEL JOHNSON

Wer alle lobt, lobt niemanden.

Ordinary riches can be stolen; real riches cannot. In your soul are infinitely *precious* things that cannot be taken from you.

OSCAR WILDE

Gewöhnliche Reichtümer können gestohlen werden, wahre Reichtümer nicht. In deiner Seele gibt es unendliche Kostbarkeiten, die man dir nicht nehmen kann.

It is tough to make *predictions,* especially about the future.

YOGI BERRA

Es ist schwierig, Vorhersagen zu machen, besonders über die Zukunft.

If *pregnancy* were a book, they would cut the last two chapters.

NORA EPHRON

Wenn die Schwangerschaft ein Buch wäre, würden sie die beiden letzten Kapitel streichen.

We all decry *prejudice,* yet are all prejudiced.

HERBERT SPENCER

Wir alle prangern Vorurteile an, doch wir alle haben Vorurteile.

It is never too late to give up our *prejudices.*

HENRY DAVID THOREAU

Es ist nie zu spät, unsere Vorurteile aufzugeben.

The *present* is the necessary product of all the past, the necessary cause of all the future.

ROBERT G. INGERSOLL

Die Gegenwart ist die notwendige Folge der gesamten Vergangenheit und die notwendige Ursache der gesamten Zukunft.

When the *president* does it, that means that it is not illegal.

RICHARD NIXON

Wenn der Präsident es tut, bedeutet das, dass es nicht illegal ist.

A *President's* hardest task is not to do what is right, but to know what is right.

LYNDON B. JOHNSON

Die schwierigste Aufgabe eines Präsidenten ist es nicht, zu tun, was richtig ist, sondern zu wissen, was richtig ist.

There are laws to protect the freedom of the press's speech, but none that are worth anything to protect the people from the *press*.

MARK TWAIN

Es gibt Gesetze zum Schutz der Pressefreiheit, aber kein einziges, das dazu taugt, die Menschen vor der Presse zu schützen.

Be careful what you *pretend* to be because you are what you pretend to be.

KURT VONNEGUT

Sei vorsichtig, was du vorgibst zu sein, denn du bist, was du vorgibst zu sein.

No one ever told me I was *pretty* when I was a little girl. All little girls should be told they are pretty, even if they aren't.

MARILYN MONROE

Als ich ein kleines Mädchen war, hat mir niemand gesagt, dass ich schön bin. Allen kleinen Mädchen sollte man sagen, dass sie schön sind, auch wenn sie es nicht sind.

Some people go to *priests*; others to poetry; I to my friends.

VIRGINIA WOOLF

Manche Leute wenden sich an einen Priester, andere an die Poesie; ich an meine Freunde.

A *prig* is a fellow who is always making you a present of his opinions.

GEORGE ELIOT

Ein Pedant ist ein Mensch, der seine Ansichten als ein Geschenk präsentiert.

You can't learn too soon that the most useful thing about a *principle* is that it can always be sacrificed to expediency.

W. SOMERSET MAUGHAM

Man kann nie zu früh lernen, dass das Nützlichste an einem Prinzip die Tatsache ist, dass man es stets der Zweckdienlichkeit opfern kann.

He was always late on *principle*; his principle being that punctuality is the thief of time.

OSCAR WILDE

Er kam aus Prinzip immer zu spät. Sein Prinzip: Pünktlichkeit ist der Dieb der Zeit.

A people that values its privileges above its *principles* soon loses both.

DWIGHT D. EISENHOWER

Ein Volk, das seine Privilegien höher bewertet als seine Prinzipien, wird bald beides verlieren.

I am grateful for all my *problems*. After each one was overcome, I became stronger and more able to meet those that were still to come. I grew in all my difficulties.

J. C. Penney

Ich bin dankbar für all meine Probleme. Nach jedem, das ich bewältigt hatte, wurde ich stärker und fähiger, denen zu begegnen, die noch kommen würden. Ich wuchs in all meine Schwierigkeiten hinein.

Procrastination is the thief of time.

Edward Young

Aufschub ist der Dieb der Zeit.

Civilization and *profits* go hand in hand.

Calvin Coolidge

Zivilisation und Profit gehen Hand in Hand.

For the first four years, no new enterprise produces *profits*. Even Mozart didn't start writing music until he was four.

Peter F. Drucker

Während der ersten vier Jahre macht kein neues Unternehmen Gewinne. Selbst Mozart begann erst mit dem Komponieren, als er vier war.

Programming today is a race between software engineers striving to build bigger and better idiot-proof programs, and the Universe trying to produce bigger and better idiots. So far, the Universe is winning.

RICH COOK

Programmieren ist heutzutage ein Wettrennen zwischen Softwareingenieuren, die bestrebt sind, gößere und idiotensicherere Programme zu schaffen, und dem Universum, das versucht, mehr und größere Idioten zu produzieren. Bis jetzt gewinnt das Universum.

I tought he was a young man of promise, but it appears he is a young man of *promises*.

ARTHUR JAMES BALFOUR

Ich dachte, er sei ein vielversprechender junger Mann, doch es scheint, dass er ein junger Mann vieler Versprechungen ist.

Promises that you make to yourself are often like the Japanese plum tree – they bear no fruit.

FRANCIS MARION

Versprechen, die man sich selbst gibt, sind oft wie der japanische Pflaumenbaum – sie tragen keine Früchte.

Magnificent *promises* are always to be suspected.

THEODORE PARKER

Großartigen Versprechungen sollte man immer misstrauen.

All *propaganda* is lies, even when one is telling the truth.

GEORGE ORWELL

Alle Propaganda lügt, auch wenn jemand die Wahrheit sagt.

Why is *propaganda* so much more successful when it stirs up hatred than when it tries to stir up friendly feelings?

BERTRAND RUSSELL

Warum ist Propaganda um so viel erfolgreicher, wenn sie Hass schürt, als wenn sie freundschaftliche Gefühle zu wecken versucht?

Few of us can stand *property*. Another man's, I mean.

MARK TWAIN

Wenige von uns können Eigentum leiden – das der anderen, meine ich.

Good *prose* is like a window pane.

GEORGE ORWELL

Gute Prosa ist wie eine Fensterscheibe.

A proverb is no *proverb* to you till life has illustrated it.

JOHN KEATS

Ein Sprichwort wird dir erst dann zum Sprichwort, wenn das Leben es dir illustriert hat.

Gutenberg made everybody a reader. Xerox makes everybody a *publisher*.

MARSHAL MC LUHAN

Gutenberg machte aus jedem Menschen einen Leser.
Xerox* macht aus jedem Menschen einen Verleger.
[* = Druckerhersteller]

Q

Quality means doing it right when no one is looking.

Henry Ford

Qualität bedeutet, etwas anständig zu erledigen, auch wenn niemand zuschaut.

The *quality* will remain when the price is forgotten.

Henry Royce

Die Qualität bleibt, auch wenn der Preis vergessen ist.

Quality is never an accident; it is always the result of intelligent effort.

John Ruskin

Qualität ist nie Zufall, sie ist immer das Ergebnis klugen Fleißes.

He that nothing *questioneth*, nothing learneth.

Thomas Fuller d. J.

Wer nichts fragt, der nichts lernt.

It is better to know some of the *questions* than all of the answers.

James Thurber

Es ist besser, einige der Fragen zu kennen als alle Antworten.

The only *questions* that really matter are the ones you ask yourself.

Ursula K. Le Guin

Die einzigen Fragen, die wirklich wichtig sind, sind die, die du dir selbst stellst.

Questions are never indiscreet; answers sometimes are.

Oscar Wilde

Fragen sind nie indiskret; Antworten bisweilen schon.

I hate *quotations*.

Ralph Waldo Emerson

Ich hasse Zitate.

I often *quote* myself; it adds spice to my conversation.

George Bernard Shaw

Ich zitiere mich oft selbst. Es würzt meine Konversation.

Quoting: the act of repeating erroneously the words of another.

AMBROSE BIERCE

Zitieren ist die fehlerhafte Wiederholung der Worte eines anderen.

R

A *radical* is a man with both feet firmly planted – in the air.

FRANKLIN D. ROOSEVELT

Ein Radikaler ist ein Mensch, der fest auf beiden Beinen steht – in der Luft.

He was sure it would *rain* cats and dogs.

JONATHAN SWIFT

Er war sicher, dass es Katzen und Hunde regnen würde. (Englische Redensart für: Es gießt wie aus Kübeln)

A *reactionary* is a somnambulist walking backwards.

FRANKLIN D. ROOSEVELT

Ein Reaktionär ist ein rückwärtsgehender Schlafwandler.

To *read* is to translate, for no two person's experiences are the same.

W. H. AUDEN

Lesen heißt übersetzen, denn keine zwei Menschen teilen die gleichen Erfahrungen.

As I *read*, my ears are opened to the magic of the spoken word.

RICHARD WRIGHT

Wenn ich lese, öffnen sich meine Ohren der Magie des gesprochenen Worts.

Reading is to the mind what exercise is to the body.

JOSEPH ADDISON

Lesen ist für den Geist, was Bewegung für den Körper ist.

No entertainment is so cheap as *reading*, nor any pleasure is so lasting.

LADY MARY WORTLEY MONTAGU

Keine Unterhaltung ist so billig wie das Lesen, noch ist kein Genuss so nachhaltig.

There are two motives for *reading* a book: one, that you enjoy it; the other, that you can boast of it.

BERTRAND RUSSELL

Es gibt zwei Gründe, ein Buch zu lesen: zum einen, weil es gefällt, zum anderen, um damit anzugeben.

It is harder to kill a phantom than a *reality*.

VIRGINIA WOOLF

Es ist schwieriger, ein Phantom umzubringen als eine Realität.

Reality is nothing but a collective hunch

LILY TOMLIN

Die Wirklichkeit ist nichts weiter als eine kollektive Ahnung.

Man is a rational animal who always loses his temper when called upon to act in accordance with the dictates of *reason*.

ORSON WELLES

Der Mensch ist ein vernunftbegabtes Tier, das immer dann seine Beherrschung verliert, wenn es den Geboten seiner Vernunft entsprechend handeln soll.

A little *rebellion* now and then is a good thing.

THOMAS JEFFERSON

Eine kleine Rebellion ab und zu ist eine gute Sache.

The trouble with *referees* is that they know the rules, but they do not know the game.

BILL SHANKLY

Das Problem mit den Schiedsrichtern ist, dass sie zwar die Regeln kennen, aber nicht das Spiel.

There is one art of which Man should be master: the art of *reflection*.

SAMUEL TAYLOR COLERIDGE

Es gibt eine Kunst, die der Mensch unbedingt beherrschen sollte: die Kunst des Nachdenkens.

A man is not old until *regrets* take the place of dreams.

JOHN BARRYMORE

Ein Mensch ist erst dann alt, wenn das Bedauern den Platz des Träumens einnimmt.

My husband said he wanted to have a *relationship* with a redhead, so I dyed my hair.

JANE FONDA

Mein Ehemann sagte, er wolle ein Verhältnis mit einer Rothaarigen haben. Also färbte ich meine Haare.

Religion is a fashionable substitude for belief.

OSCAR WILDE

Die Religion ist ein modischer Ersatz für den Glauben.

The more I study *religions* the more I am convinced that man never worshipped anything but himself.

SIR RICHARD F. BURTON

Je mehr ich die Religionen studiere, desto mehr bin ich davon überzeugt, dass der Mensch nie etwas anderes als sich selbst angebetet hat.

I believe in the *religion* of Islam. I blieve in Allah und peace.

MUHAMMAD ALI

Ich glaube an den Islam. Ich glaube an Allah und den Frieden.

Praising what is lost makes the *remembrance* dear.

WILLIAM SHAKESPEARE

Das Verlorene zu würdigen, macht die Erinnerung lieb und teuer.

Character is what God and the angels know of us; *reputation* is what men and women think of us.

HORACE MANN

Charakter ist, was Gott und die Engel von uns wissen; der gute Ruf ist, was Männer und Frauen von uns denken.

Until you loose your *reputation*, you never realize what burden it was or what freedom really is.

MARGARET MITCHELL

Ehe man seinen guten Ruf verliert, nimmt man gar nicht wahr, welche Bürde es war oder was Freiheit wirklich bedeutet.

Gain a modest *reputation* for being unreliable and you will never be asked to do a thing.

PAUL THEROUX

Eigne dir den bescheidenen Ruf an, unzuverlässig zu sein, und du wirst nie gebeten werden, etwas zu tun.

I can *resist* everything except temptation.

OSCAR WILDE

Ich kann allem widerstehen, außer der Versuchung.

Retirement at sixty-five is ridiculous. When I was sixty-five I still had pimples.

GEORGE BURNS

Die Rente mit 65 ist lächerlich. Als ich 65 war, hatte ich noch Pickel.

Those who make peaceful *revolution* impossible will make violent revolution inevitable.

JOHN F. KENNEDY

Diejenigen, die eine friedliche Revolution unmöglich machen, werden eine gewaltsame Revolution unvermeidlich machen.

Every man is *rich* or poor according to the degree in which he can afford to enjoy the necessaries, conveniences, and amusements of human life.

ADAM SMITH

Jeder Mensch ist reich oder arm, je nachdem, inwieweit er es sich leisten kann, die Bedürfnisse, Annehmlichkeiten und Amusements des menschlichen Lebens zu genießen.

We're the party that wants to see an America in which people can still get *rich*.

RONALD REAGAN

Wir sind die Partei, die ein Amerika sehen möchte, in dem man immer noch reich werden kann.

A *rich* man is noting but a poor man with money.

W. C. Fields

Ein Reicher ist nichts weiter als ein Armer mit Geld.

Do you realize the responsibility I carry? I am the only person standing between *Richard Nixon* and the White House.

John F. Kennedy

Sind Sie sich der Verantwortung bewusst, die ich trage? Ich bin die einzige Person, die zwischen Richard Nixon und dem Weißen Haus steht.

He who multiplies *riches* multiplies cares.

Benjamin Franklin

Wer Reichtümer anhäuft, der häuft auch Sorgen an.

The *right* to do something does not mean that doing it is right.

William Safire

Das Recht zu haben, etwas zu tun, bedeutet nicht, dass es richtig ist, es zu tun.

Always do *right*! This will gratify some and astonish the rest.

Mark Twain

Handle immer richtig! Dies wird einige Menschen erfreuen und den Rest in Erstaunen versetzen.

A *riot* is at bottom the language of the unheard.

MARTIN LUTHER KING, JR.

Ein Aufstand ist im Grunde die Sprache der Ungehörten.

There are one hundred men seeking security to one able man who is willing to *risk* his fortune.

JEAN PAUL GETTY

Es kommen einhundert nach Sicherheit Strebende auf einen, der bereit ist, sein Vermögen zu riskieren.

Deeps *roots* are not reached by frost.

J. R. R. TOLKIEN

Wurzeln, die tief in die Erde reichen, berührt der Frost nicht.

Nature provides exceptions to every *rule*.

MARARET FULLER

Die Natur sorgt bei jeder Regel für Ausnahmen.

The golden *rule* is that there are no golden rules.

GEORGE BERNARD SHAW

Die goldene Regel lautet, dass es keine goldenen Regeln gibt.

No *rule* is so general, which admits not some exception.

ROBERT BURTON

Keine Regel ist so allgemein, dass sie nicht auch Ausnahmen erlaube.

If you obey all the *rules,* you miss all the fun.

KATHARINE HEPBURN

Wenn du dich an alle Regeln hältst, entgeht dir der ganze Spaß.

S

We cannot direct the wind, but we can adjust the *sail*.

DOLLY PARTON

Wir können den Wind nicht lenken, aber wir können das Segel anpassen.

No one would have remembered the Good *Samaritan* if he'd only had good intentions. He had money as well.

MARGARET THATCHER

Niemand würde sich an den Guten Samariter erinnern, wenn er nur gute Absichten gehabt hätte. Er hatte auch Geld.

There are three stages of man: he believes in *Santa Claus*; he does not believe in Santa Claus; he is Santa Claus.

BOB PHILLIPS

Es gibt drei Stadien im Leben eines Mannes: Er glaubt an den Weihnachtsmann; er glaubt nicht an den Weihnachtsmann; er ist der Weihnachtsmann.

Saving is a fine thing. Especially when your parents have done it for you.

WINSTON CHURCHILL

Sparen ist eine feine Sache. Insbesondere dann, wenn deine Eltern es für dich getan haben.

There cannot be a crisis next week. My *schedule* is already full.

HENRY KISSINGER

In der nächsten Woche darf es keine Krise geben. Mein Terminplan ist bereits voll.

In the first place God made idiots. This was for practice. Then he made *school boards*.

MARK TWAIN

Gott machte als erstes Idioten. Das war zur Übung. Dann machte er Schulbehörden.

Our *scientific* power has outrun our spiritual power. We have guided missiles and misguided men.

MARTIN LUTHER KING, JR.

Unsere wissenschaftliche Macht übersteigt unsere geistliche Macht. Wir haben Lenkflugkörper und fehlgeleitete Menschen.

The *scientific theory* I like best is that the rings of Saturn are composed entirely of lost airline luggage.

MARK RUSSELL

Von allen wissenschaftlichen Theorien gefällt mir die am besten, dass die Ringe des Saturn komplett aus verlorenem Fluggepäck zusammengesetzt sind.

Those who know least are the greatest *scoffers*.

SAMUEL RICHARDSON

Die, die am wenigsten wissen, sind die größten Spötter.

When you control the ball, you control the *score*.

PELE

Wenn man den Ball kontrolliert, kontrolliert man den Spielstand.

Three may keep a *secret*, if two of them are dead.

BENJAMIN FRANKLIN

Drei können dann ein Geheimnis bewahren, wenn zwei von ihnen tot sind.

There is not much collective *security* in a flock of sheep on the way to the butcher.

SIR WINSTON CHURCHILL

Eine Schafherde auf dem Weg zum Schlachter bietet nicht gerade den Schutz der Masse.

We can never describe what we have not *seen*.

SAMUEL JOHNSON

Wir können nicht beschreiben, was wir nicht gesehen haben.

Things *seen* are mightier than things heard.

ALFRED, LORD TENNYSON

Gesehenes ist mächtiger als Gehörtes.

If I have *seen* further than other men, it is by standing upon the shoulders of giants.

SIR ISAAC NEWTON

Wenn ich weiter als andere Menschen gesehen habe, dann deshalb, weil ich auf den Schultern von Riesen stand.

If *sentences* have little meaning when they are written, when they are spoken they have less.

HENRY FIELDING

Wenn geschriebene Sätze auch wenig Bedeutung haben, gesprochene haben noch weniger.

I wouldn't know how to handle *serenity* if someone handed it to me on a plate.

DUSTY SPRINGFIELD

Ich wüsste nicht, wie man mit Gelassenheit umginge, wenn jemand sie mir auf einem Silbertablett überreichen würde.

A good *sermon* should be like a woman's skirt: Short enough to rouse the interest, but long enough to cover the essentials.

Ronald Knox

Eine gute Predigt sollte wie der Rock einer Frau sein: kurz genug, um Interesse zu wecken, aber lang genug, um das Wesentliche abzudecken.

The secret of a good *sermon* is to have a good beginning and a good ending, and to have the two as close together as possible.

George Burns

Das Geheimnis einer guten Predigt ist ein guter Anfang und ein gutes Ende, und beides so nahe wie möglich zusammen.

Sex: the thing that takes up the least amount of time and causes the most amount of trouble.

John Barrymore

Sex: die Sache, die die geringste Zeit benötigt und die größten Probleme verursacht.

Sex is part of Nature.

Marilyn Monroe

Sex ist ein Teil der Natur.

Sex is one of the nine reasons for reincarnation. The other eight are unimportant.

Henry Miller

Sex ist einer der neun Gründe für die Reinkarnation. Die anderen acht sind unwichtig.

No one will ever win the battle of the *sexes*, because there is too much fraternizing with the enemy.

HENRY KISSINGER

Niemand wird jemals den Kampf der Geschlechter gewinnen, da zu viel Verbrüderung mit dem Feind vonstatten geht.

Keep your face to the sunshine and you cannot see the *shadow*.

HELEN KELLER

Wenn du dein Gesicht zur Sonne drehst, kannst du keine Schatten sehen.

Everything that we see is a *shadow* cast by that which we do not see.

MARTIN LUTHER KING, JR.

Alles, was wir sehen, ist ein Schatten dessen, was wir nicht sehen.

The remarkable thing about *Shakespeare* is that he really is very good, in spite of all the people who say he is very good.

ROBERT GRAVES

Das Bemerkenswerte an Shakespeare ist, dass er wirklich sehr gut ist, trotz all der Leute, die sagen, dass er sehr gut ist.

Only the *shallow* know themselves.

OSCAR WILDE

Nur die Oberflächlichen kennen sich selbst.

A *sheep* in sheep's clothing.

SIR WINSTON CHURCHILL

Ein Schaf im Schafspelz.

It's all that the young can do for the old, to *shock* them and keep them up to date.

GEORGE BERNARD SHAW

Das mindeste, was die Jungen für die Alten tun können, ist, sie zu schockieren und auf dem neuesten Stand zu halten.

Never miss a good chance to *shut up*.

WILL ROGERS

Verpasse niemals eine gute Gelegenheit, den Mund zu halten.

Silence is the virtue of fools.

FRANCIS BACON

Schweigen ist die Tugend der Dummköpfe.

Silence is the most perfect expression of scorn.

GEORGE BERNARD SHAW

Schweigen ist der vollendetste Ausdruck von Verachtung.

The rest is *silence*.

WILLIAM SHAKESPEARE

Der Rest ist Schweigen.

There are some *silent people* who are more interesting than the best talkers.

BENJAMIN DISRAELI

Es gibt schweigsame Menschen, die viel interessanter sind als die besten Redner.

Simplicity of character is no hindrance to subtlety of intellect.

JOHN MORLEY

Schlichtheit des Charakters ist kein Hindernis für einen scharfen Intellekt.

He that falls into *sin* is a man; that grieves at it, is a saint; that boasteth of it, is a devil.

JOHN MORLEY

Wer der Sünde verfällt, ist ein Mensch; wer sich über sie grämt, ist ein Heiliger; wer sich mit ihr brüstet, ist ein Teufel.

I felt good and all washed clean of *sin*.

MARK TWAIN

Ich fühlte mich gut und von aller Sünde reingewaschen.

Always be *sincere*, even if you don't mean it.

HARRY S. TRUMAN

Sei immer aufrichtig, auch wenn du es nicht so meinst.

It is dangerous to be *sincere* unless you are also stupid.

George Bernard Shaw

Es ist gefährlich, aufrichtig zu sein, es sei denn, du bist auch dumm.

A little *sincerity* is a dangerous thing, and a great deal of it is absolutely fatal.

Oscar Wilde

Ein bisschen Ehrlichkeit ist eine gefährliche Sache; eine große Menge davon ist absolut tödlich.

The tongue of a viper is less harmful than that of a *slanderer*.

Henry Fielding

Die Zunge einer Schlange ist nicht so gefährlich wie die eines Verleumders.

Slang in a woman's mouth is not obscene, it only sounds so.

Mark Twain

Es ist nicht obszön, wenn eine Frau Umgangssprache spricht; es klingt nur so.

In giving freedom to the *slave*, we assure freedom to the free.

Abraham Lincoln

Indem wir dem Sklaven die Freiheit schenken, sichern wir den Freien die ihrige.

That we are not much sicker and much madder than we are is due exclusively to that most blessed and blessing of all natural graces, *sleep*.

THOMAS HENRY HUXLEY

Dass wir nicht noch kranker und verrückter sind, als wir ohnehin sind, verdanken wir ausschließlich jener gesegneten und segnenden Gnade – dem Schlaf.

Sleep, those little slices of death, how I loathe them.

EDGAR ALLAN POE

Der Schlaf, diese kleinen Scheibchen Tod, wie ich sie hasse.

The *sleeping* fox catches no poultry.

BENJAMIN FRANKLIN

Der schlafende Fuchs fängt keine Hühner.

Giving up *smoking* is the easiest thing in the world. I know because I've done it thousands of times.

MARK TWAIN

Das Rauchen aufzugeben, ist die leichteste Sache der Welt. Ich weiß das, weil ich es schon tausende Male getan habe.

We are all born charming, fresh and spontaneous and must be civilized before we are fit to participate in *society*.

JUDITH MARTIN

Wir werden alle als bezaubernde, unverbrauchte und spontane Menschen geboren und müssen zivilisiert werden, bevor wir geeignet sind, am gesellschaftlichen Leben teilzunehmen.

Every citizen should be a *soldier*. This was the case with the Greeks and Romans, and must be that of every free state.

THOMAS JEFFERSON

Jeder Bürger sollte ein Soldat sein. So war es bei den Griechen und Römern, und so muss es in jedem freien Staat sein.

I love to be alone. I never found the companion that was so companionable as *solitude*.

HENRY DAVID THOREAU

Ich liebe es, allein zu sein. Ich habe nie einen Gefährten gefunden, der so angenehm ist wie die Einsamkeit.

There are German *songs* which can make a stranger to the language cry.

MARK TWAIN

Es gibt deutsche Lieder, die auch einen der Sprache nicht Mächtigen zu Tränen rühren.

The busy bee has no time for *sorrow*.

WILLIAM BLAKE

Die fleißige Biene hat keine Zeit für Kummer.

The wealth of a *soul* is measured by how much it can feel; its poverty by how little.

WILLIAM RALPH INGE

Der Reichtum einer Seele wird daran gemessen, wie viel sie empfinden kann; ihre Armut daran, wie wenig.

Years wrinkle the skin, but to give up enthusiasm wrinkles the *soul*.

SAMUEL ULLMAN

Die Jahre verrunzeln die Haut, aber die Begeisterung aufzugeben verrunzelt die Seele.

Most people sell their *souls* and live with a good conscience on the proceeds.

LOGAN PEARSALL SMITH

Die meisten Menschen verkaufen ihre Seele und leben mit gutem Gewissen von den Einnahmen.

Everything you see I owe to *spaghetti*.

SOPHIA LOREN

Alles was sie sehen, verdanke ich den Spaghetti.

He who *speaks* much is much mistaken.

BENJAMIN FRANKLIN

Wer viel redet, liegt oft daneben.

Controlling public *spending* is a long and gruelling slog. But the alternative is far worse.

TONY BLAIR

Die öffentlichen Ausgaben zu kontrollieren, ist eine lange und aufreibende Schufterei. Aber die Alternative ist weit schlimmer.

We are all in the gutter, but some of us are looking at the *stars*.

OSCAR WILDE

Wir sitzen alle in der Gosse, doch einige von uns schauen zu den Sternen.

A *statesman* is a successful politician who is dead.

THOMAS B. REED

Ein Staatsmann ist ein erfolgreicher Politiker, der tot ist.

A *statesman* is a politician who's been dead 10 or 15 years.

HARRY S. TRUMAN

Ein Staatsmann ist ein Politiker, der seit 10 oder 15 Jahren tot ist.

There are three kinds of lies: lies, damned lies and *statistics*.

BENJAMIN DISRAELI

Es gibt drei Arten von Lügen: Lügen, verdammte Lügen und Statistiken.

That's one small *step* for (a) man, one giant leap for mankind.

NEIL ARMSTRONG

Dies ist ein kleiner Schritt für einen Menschen, aber ein riesiger Sprung für die Menschheit.

October. This is one of the peculiarly dangerous months to speculate in *stocks*. Other dangerous months are July, January, September, April, November, May, March, June, December, August and February.

MARK TWAIN

Oktober. Dies ist einer der besonders gefährlichen Monate um mit Aktien zu spekulieren. Andere gefährliche Monate sind Juli, Januar, September, April, November, Mai, März, Juni, Dezember, August und Februar.

A dead thing can go with the *stream*, but only a living thing can go against it.

G. K. CHESTERTON

Etwas Totes kann mit dem Strom schwimmen, doch nur etwas Lebendiges kann gegen ihn schwimmen.

And he that *strives* to touch the stars, often stumbles at a straw.

EDMUND SPENSER

Und wer nach den Sternen strebt, stolpert oft über einen Grashalm.

Little *strokes* fell great oaks.

BENJAMIN FRANKLIN

Kleine Schläge fällen große Eichen.

Do not pray for easy lives. Pray to be *stronger* men.

JOHN F. KENNEDY

Betet nicht für ein einfacheres Leben. Betet dafür, stärkere Menschen zu sein.

The two most abundant things in the universe are Hydrogen and *stupidity*.

HARLAN ELLISON

Die zwei Dinge, die im Universum am reichlichsten vorhanden sind, sind Wasserstoff und Dummheit.

Stupidity is the deliberate cultivation of ignorance and conscientious stupidity.

MARTIN LUTHER KING, JR.

Nichts in der Welt ist gefährlicher als die absichtliche Kultivierung von Ignoranz und gewissenhafter Dummheit.

There is no sin except *stupidity*.

OSCAR WILDE

Die einzige Sünde, die es gibt, ist Dummheit.

Government does not solve problems; it *subsidizes* them.

RONALD REAGAN

Die Regierung löst keine Probleme; sie subventioniert sie.

Success is like reaching an important birthday and finding you're exactly the same.

AUDREY HEPBURN

Erfolg ist dasselbe, wie einen wichtigen Geburtstag zu erreichen, um dann festzustellen, dass man genau die Gleiche geblieben ist.

Many a man owes his *success* to his first wife and his second wife to his success.

JIM BACKUS

Viele Männer verdanken ihren Erfolg ihrer ersten Frau und die zweite Frau ihrem Erfolg.

The distance between insanity and genius is measured only by *success*.

IAN FLEMING

Die Entfernung zwischen Wahnsinn und Genie wird nur in Erfolg bemessen.

My formula for *success* is rise early, work late, and strike oil.

JOHN PAUL GETTY

Meine Erfolgsformel lautet: früh aufstehen, lange arbeiten und auf Öl stoßen.

Success consists of going from failure to failure without loss of enthusiasm.

SIR WINSTON CHURCHILL

Erfolg besteht darin, von Misserfolg zu Misserfolg zu schreiten, ohne die Begeisterung zu verlieren.

A minute's *success* pays for the failure of years.

ROBERT BROWNING

Eine Minute des Erfolgs entschädigt für Jahre des Misserfolgs.

It isn't the *sum* you get, it's how much you can buy with it that's the important thing.

MARK TWAIN

Wichtig ist nicht die Summe, die man erhält, sondern wieviel man damit kaufen kann.

Sunday clears away the rust of the whole week.

JOSEPH ADDISON

Der Sonntag entfernt den Rost der ganzen Woche.

I was the seventh of nine children. When you come from that far down you have to struggle to *survive*.

JOHN F. KENNEDY

Ich war das siebte von neuen Kindern. Wenn man von so weit unten kommt, muss man kämpfen, um zu überleben.

I have nothing to offer but blood, toil, tears and *sweat*.

SIR WINSTON CHURCHILL

Ich habe nichts anzubieten als Blut, Mühen, Tränen und Schweiß.

I brought myself down. I gave them a *sword*. And they stuck it in.

RICHARD NIXON

Ich habe mich selbst zu Fall gebracht. Ich habe ihnen ein Schwert gegeben, und sie haben zugestochen.

T

All of us do not have equal *talent*, but all of us should have an equal opportunitiy to develop our talents.

JOHN F. KENNEDY

Wir haben nicht alle die gleichen Talente; wir sollten aber alle die gleiche Chance erhalten, unsere Talente zu entwickeln.

I don't always know what I'm *talking* about but I know I'm right.

MUHAMMAD ALI

Ich weiß zwar nicht immer, wovon ich spreche, aber ich weiß, dass ich recht habe.

I don't care how much a man *talks*, if he only says it in a few words.

JOHN BILLINGS

Es ist mir egal, wieviel jemand redet, solange er sich kurz fasst.

Nothing can add more power to your life than concentrating all your energies on a limited set of *targets*.

NIDO QUBEIN

Nichts kann dir mehr Kraft in deinem Leben geben, als deine gesamte Energie auf eine begrenzte Anzahl von Zielen zu konzentrieren.

Why does a small *tax* increase cost you two hundred dollars and substantial tax cut save you thirty cents?

PEG BRACKEN

Warum kostet einen eine kleine Steuererhöhung zweihundert Dollar, während eine umfangreiche Steuersenkung einem dreißig Cent einbringt?

There is no such thing as a good *tax*.

SIR WINSTON CHURCHILL

Es gibt keine guten Steuern.

The hardest thing in the world to understand is the income *tax*.

ALBERT EINSTEIN

Am schwierigsten zu begreifen auf dieser Welt ist die Einkommenssteuer.

In this world nothing can be said to be certain, except death and *taxes*.

BENJAMIN FRANKLIN

In dieser Welt kann man von nichts sagen, dass es sicher ist, außer vom Tod und den Steuern.

Bachelors should be heavily *taxed*. It is not fair that some men should be happier than others.

OSCAR WILDE

Junggesellen sollten hoch besteuert werden. Es ist nicht gerecht, dass manche Männer glücklicher sind als andere.

He who can, does. He who cannot, *teaches*.

GEORGE BERNARD SHAW

Wer kann, der tut. Wer nicht kann, der unterrichtet.

Everyone who is incapable of learning has taken to *teaching*.

OSKAR WILDE

Ein jeder, der des Lernens unfähig ist, wendet sich dem Lehren zu.

Technology is so much fun but we can drown in our technology.

DANIEL BOORSTIN

Technologie macht sehr viel Spaß, doch wir können in unserer Technologie ertrinken.

Television is an invention that permits you to be entertained in your own living room by people you wouldn't have in your house.

DAVID FROST

Das Fernsehen ist eine Erfindung, die einem gestattet, im eigenen Wohnzimmer von Leuten unterhalten zu werden, die man nicht in sein Haus lassen würde.

Television has brought back murder into the home – where it belongs.

ALFRED HITCHCOCK

Das Fernsehen hat den Mord wieder ins Haus gebracht – dorthin wo er hingehört.

I find *television* very educational. Every time someone switches it on, I go into another room and read a good book.

GROUCHO MARX

Ich finde, dass Fernsehen bildet. Immer wenn jemand das Ding anschaltet, gehe ich in ein anderes Zimmer und lese ein gutes Buch.

I hate *television*. I hate it as much as peanuts. But I can't stop eating peanuts.

ORSON WELLES

Ich hasse Fernsehen. Ich hasse es genauso sehr wie Erdnüsse. Aber ich kann nicht damit aufhören, Erdnüsse zu essen.

In Russia we only had two *TV* channels. Channel One was propaganda. Channel Two consisted of a KGB officer telling you: Turn back at once to Channel One.

YAKOV SMIRNOFF

In Russland hatten wir nur zwei Fernsehsender. Kanal 1 war für Propaganda. Auf Kanal 2 war ein KGB Offizier zu sehen, und der sagte: Schalt' sofort zurück auf Kanal 1.

The only way to get rid of a *temptation* is to yield to it.

OSCAR WILDE

Der einzige Weg, eine Versuchung loszuwerden, besteht darin, ihr nachzugeben.

The depressing thing about *tennis* is that no matter how good I get, I'll never be as good as a wall.

MITCH HEDBERG

Das Zermürbende am Tennis ist, dass es keine Rolle spielt, wie gut ich darin werde; ich werde nie so gut sein wie eine Wand.

Terrorist attacks can shake the foundations of our biggest buildings, but they cannot touch the foundation of America.

GEORGE W. BUSH

Terrorangriffe können die Fundamente unserer größten Gebäude erschüttern, das Fundament von Amerika jedoch können sie nicht berühren.

If I owned *Texas* and Hell, I would rent out Texas and live in Hell.

PHILIP SHERIDAN

Wenn mir Texas und die Hölle gehören würden, würde ich Texas vermieten und in der Hölle leben.

How sharper than a serpent's tooth it is to have a *thankless* child!

WILLIAM SHAKESPEARE

Wie schärfer als der Schlange Zahn ist doch ein undankbares Kind!

During our crossing, Einstein explained his *theory* to me every day, and by the time we arrived I was fully convinced he understood it.

CHAIM WEIZMANN

Während unserer Überfahrt erklärte mir Einstein seine Theorie jeden Tag, und als wir ankamen, war ich vollkommen überzeugt, dass er sie verstand.

I have flabby *thighs*, but fortunately my stomach covers them.

JOAN RIVERS

Ich habe schwabbelige Oberschenkel, doch glücklicherweise verdeckt sie mein Bauch.

Most people would sooner die than *think*; in fact, they do so.

BERTRAND RUSSEL

Die meisten Menschen würden lieber sterben, als zu denken; und sie tun es auch.

Thinking is the hardest work there is, which is the probable reason why so few engage in it.

HENRY FORD

Denken ist die härteste Arbeit, die es gibt, was wohl der Grund dafür ist, dass sich so wenige damit beschäftigen.

To recommend *thrift* to the poor is both grotesque and insulting. It is like advertising a man who is starving to eat less.

OSCAR WILDE

Den Armen Sparsamkeit zu empfehlen, ist grotesk und beleidigend. Das ist so, als würde man einem Verhungernden empfehlen, weniger zu essen.

Just as you began to feel that you could make good use of *time*, there was no time left to you.

LISA ALTHER

Gerade als du so langsam das Gefühl hattest, dass du die Zeit gut nutzen könntest, war keine Zeit mehr übrig.

For *time* is the longest distance between two places.

TENNESSEE WILLIAMS

Denn die Zeit ist die längste Distanz zwischen zwei Orten.

Time is waste of money.

OSCAR WILDE

Zeit ist Geldverschwendung.

Know what I want them to put on my *tombstone?* Do not disturb.

TED TURNER

Wissen Sie, was ich auf meinen Grabstein geschrieben haben will? Bitte nicht stören.

Yesterday is not ours to recover, but *tomorrow* is ours to win or loose.

SAMUEL JOHNSON

Wir können das Gestern nicht wiedererlangen, aber wir können das Morgen verlieren oder gewinnen.

It is never *too late* to be what you might have been.

GEORGE ELIOT

Es ist niemals zu spät, das zu sein, was man hätte sein können.

It's lonely and cold at the *top*.

JUDY GARLAND

An der Spitze ist es einsam und kalt.

People think that at the *top* there isn't much room. They tend to think of it as an Everest. My message is that there is tons of room at the top.

MARGARET THATCHER

Die Menschen denken, dass es an der Spitze nicht viel Platz gibt. Sie neigen dazu, sie für den Gipfel des Everests zu halten. Meine Botschaft ist, dass es an der Spitze Tonnen von Platz gibt.

The worst thing about being a *tourist* is having other tourists recognize you as a tourist.

Russel Baker

Das Schlimmste am Dasein eines Touristen ist die Tatsache, dass andere Touristen dich als Tourist erkennen.

No nation was ever ruined by *trade.*

Benjamin Franklin

Keine Nation ist je durch Handel ruiniert worden.

Traditionalists are pessimists about the future and optimists about the past.

Lewis Mumford

Traditionalisten denken pessimistisch über die Zukunft und optimistisch über die Vergangenheit.

A man can sleep around, no questions asked, but if a woman makes nineteen or twenty mistakes she's a *tramp*.

Joan Rivers

Ein Mann kann sich durch die Betten schlafen, und es werden keine Fragen gestellt; wenn aber eine Frau neunzehn oder zwanzig Fehler macht, dann ist sie ein Flittchen.

Life is pleasant. Death is peaceful. It's the *transition* that's troublesome.

Isaac Asimov

Das Leben ist angenehm. Der Tod ist friedlich. Es ist der Übergang, der schwierig ist.

I have found out that there ain't no surer way to find out whether you like people or hate them than to *travel* with them.

MARK TWAIN

Ich habe herausgefunden, dass es keinen sichereren Weg gibt, um herauszufinden, ob man jemanden mag oder hasst, als mit ihm zu reisen.

For my part, I *travel* not to go anywhere, but to go to. I travel for travel's sake.

ROBERT LOUIS STEVENSON

Was mich betrifft, reise ich nicht, um irgendwo hinzukommen, sondern um zu reisen. Reisen um des Reisens willen.

All that is necessary for the *triumph* of evil is that good men do nothing.

EDMUND BURKE

Alles, was für den Triumph des Bösen nötig ist, ist die Untätigkeit guter Menschen.

I don't care what is written about me so long as it isn't *true*.

DOROTHY PARKER

Es ist mir egal, was über mich geschrieben wird, solange es nicht wahr ist.

I never know how much of what I say is *true*.

BETTE MIDLER

Ich weiß nie, wieviel von dem, was ich sage, wahr ist.

Trust yourself. You know more than you think you do.

BENJAMIN SPOCK

Vertraue dir selbst. Du weißt mehr als du glaubst zu wissen.

There are only two ways of telling the complete *truth* – anonymously and posthumously.

THOMAS SOWELL

Es gibt nur zwei Arten, die völlige Wahrheit zu sagen – anonym und posthum.

I have a theory that the *truth* is never told during the 9 to 5 hours.

HUNTER S. THOMPSON

Ich habe die Theorie, dass zwischen 9 und 5 nie die Wahrheit erzählt wird.
(Mit 'zwischen 9 und 5' sind die Geschäftszeichen gemeint.)

If you tell the *truth* you don't have to remember anything.

MARK TWAIN

Wenn man die Wahrheit sagt, muss man sich an nichts erinnern.

It is always the best policy to speak the *truth*, unless of course you are an exceptional good liar.

JEROME K. JEROME

Es ist immer die beste Strategie, die Wahrheit zu sagen, es sei denn natürlich, man ist ein außergewöhnlich guter Lügner.

Truth sits upon the lips of dying men.

MATTHEW ARNOLD

Die Wahrheit liegt auf den Lippen sterbender Menschen.

Truth isn't always beauty, but the hunger for it is.

NADINE GORDIMER

Die Wahrheit ist nicht immer schön, aber der Hunger nach ihr ist es.

Men occasionally stumble over the *truth*, but most of them pick themselves up and hurry off as if nothing had happened.

SIR WINSTON CHURCHILL

Menschen stolpern gelegentlich über die Wahrheit, aber die meisten rappeln sich wieder auf und eilen davon, als ob nichts geschehen wäre.

In a time of universal deceit, telling the *truth* is a revolutionary act.

GEORGE ORWELL

In Zeiten allgemeiner Täuschung ist es eine revolutionäre Tat, die Wahrheit zu sagen.

When you have eliminated the impossible, whatever remains, however improbable, must be the *truth*.

SIR ARTHUR CONAN DOYLE

Wenn man das Unmögliche ausgeschlossen hat, muss das, was übrig bleibt, ganz gleich wie unwahrscheinlich es ist, die Wahrheit sein.

If you read a lot of books, you are considered well read. But if you watch a lot of *TV*, you're not considered well viewed.

LILY TOMLIN

Wenn man viele Bücher liest, gilt man als belesen. Wenn man viel fernsieht, gilt man jedoch nicht als besehen.

TV is chewing gum for the eyes.

FRANK LLOYD WRIGHT

Fernsehen ist Kaugummi für die Augen.

I have sworn upon the altar of God eternal hostility against every form of *tyranny* over the mind of man.

THOMAS JEFFERSON

Ich habe auf dem Altar Gottes ewige Feindschaft gegen jede Form der Tyrannei über den Geist des Menschen geschworen.

The road to *tyranny*, we must never forget, begins with the destruction of the truth.

BILL CLINTON

Der Weg in die Tyrannei – das dürfen wir nie vergessen – beginnt mit der Zerstörung der Wahrheit.

U

In the *U.S.* you have to be a deviant or die of boredom.

William S. Burroughs

In den Vereinigten Staaten muss man von der sozialen Norm abweichen oder vor Langeweile sterben.

The illegal we do immediately. The *unconstitutional* takes a little longer.

Henry Kissinger

Gesetzwidriges tun wir gleich. Verfassungswidriges dauert ein wenig länger.

If you *understood* everything I say, you'd be me.

Miles Davis

Wenn Sie alles verstünden, was ich sage, dann wären sie ich.

Two possibilities exist: Either we are alone in the *Universe* or we are not. Both are equally terrifying.

Arthur C. Clarke

Es gibt zwei Möglichkeiten: Entweder sind wir alleine im Universum oder wir sind es nicht. Beides ist gleichermaßen erschreckend.

I don't pretend to understand the *Universe* – it's a great deal bigger than I am.

THOMAS CARLYLE

Ich gebe nicht vor, das Universum zu verstehen; es ist viel größer als ich.

In the beginning the *Universe* was created. This has made a lot of people angry and been widely regarded as a bad move.

DOUGLAS ADAMS

Am Anfang wurde das Universum erschaffen. Das verärgerte eine Menge Leute sehr, und es ist weithin als ein schlechter Zug betrachtet worden.

A *Universe* that came from nothing in a big bang will disappear into nothing at the big crunch.

ROBERTSON DAVIES

Ein Universum, das aus dem Nichts mit einem großen Knall entstand, wird verschwinden, wenn es zum großen Knirschern kommt.
('The big crunch/das große Knirschen' ist eine engl. Redensart 'wenn es hart auf hart kommt.)

The one thing every man fears is the *unknown*.

HENRY KISSINGER

Das, wovor sich jeder Mensch fürchtet, ist das Unbekannte.

People in the computer industry use the word *user,* which to them means idiot.

DAVE BARRY

Die Leute in der Computerindustrie benutzen das Wort User, was für sie so viel heißt wie Idiot.

I have a brain and a *uterus* and I use both.

PATRICIA SCHROEDER

Ich habe ein Gehirn und eine Gebärmutter, und ich benutze beides.

V

In false quarrel there is no true *valour.*

WILLIAM SHAKESPEARE

In falschem Streit liegt keine wahre Tapferkeit.

Vanity is the quicksand of reason.

GEORGE SAND

Eitelkeit ist der Treibsand der Vernunft.

Vanity dies hard; in some obstinate cases it outlives the man.

ROBERT LUIS STEVENSON

Eitelkeit stirbt nur langsam; in einigen hartnäckigen Fällen überlebt sie sogar den Menschen.

I am not a *vegetarian* because I love animals. I am a vegetarian because I hate plants.

A. WHITNEY BROWN

Ich bin kein Vegetarier, weil ich Tiere liebe. Ich bin Vegetarier, weil ich Pflanzen hasse.

He has all the virtues I dislike and none of the *vices* I admire.

SIR WINSTON CHURCHILL

Er verfügt über all die Tugenden, die ich nicht mag, und über keines der Laster, die ich bewundere.

We are not *victims* of the world we see, we are victims of the way we see the world.

SHIRLEY MACLAINE

Wir sind nicht die Opfer der Welt, die wir sehen, sondern wir sind Opfer der Art und Weise, wie wir die Welt sehen.

One of the greatest *victories* you can gain over someone is to beat him at politeness.

JOSH BILLINGS

Einer der großartigsten Siege, die man über jemanden erringen kann, ist es, ihn in Höflichkeit zu schlagen.

There are many *victories* worse than a defeat.

GEORGE ELIOT

Es gibt viele Siege, die schlimmer sind als eine Niederlage.

In war, there is no substitute for *victory*.

DOUGLAS MACARTHUR

Im Krieg gibt es keinen Ersatz für den Sieg.

Vietnam was lost in the living rooms of America – not the battlefields of Vietnam.

MARSHAL MCLUHAN

Vietnam wurde in den Wohnzimmern von Amerika verloren, nicht auf den Schlachtfeldern von Vietnam.

Self-respect is the cornerstone of all *virtue*.

JOHN HERSCHEL

Selbstachtung ist der Eckpfeiler aller Tugend.

Vitality shows not only the ability to persist but the ability to start over.

F. SCOTT FITZGERALD

Lebenskraft zeigt sich nicht nur in der Fähigkeit, beständig weiterzumachen, sondern auch in der Fähigkeit, neu zu beginnen.

May you live to be 100 and may the last *voice* you hear be mine.

FRANK SINATRA

Mögest du 100 Jahre alt werden, und möge die letzte Stimme, die du hörst, meine sein.

Her *voice* was ever soft, gentle and low, an excellent thing in a woman.

WILLIAM SHAKESPEARE

Ihre Stimme war immer leise, weich und sanft; eine wunderbare Eigenschaft an einer Frau.

W

I like *Wagner's* music better than anybody's. It is so loud that one can talk the whole time without people hearing what one says.

OSCAR WILDE

Wagners Musik gefällt mir besser als die von irgendjemandem sonst. Sie ist so laut, dass man die ganze Zeit reden kann, ohne dass die Leute hören, was man sagt.

I have been told that *Wagner's* music is better than it sounds.

MARK TWAIN

Man hat mir gesagt, dass Wagners Musik besser ist als sie klingt.

I learned to *walk* as a baby and haven't had a lesson since.

MARYLIN MONROE

Ich habe als Baby laufen gelernt und seitdem keine Stunden mehr genommen.

Mr. Gorbachov, tear down this *wall*.

RONALD REAGAN

Herr Gorbatschow, reißen Sie diese Mauer ein.

There has never been a good *war*, or a bad peace.

BENJAMIN FRANKLIN

Es hat nie einen guten Krieg oder einen schlechten Frieden gegeben.

In *war*, you win or lose, live or die – and the difference is just an eyelash.

DOUGLAS MACARTHUR

Im Krieg gewinnt oder verliert man, lebt oder stirbt – und der Unterschied ist gerade mal ein Wimpernschlag.

You can't say civilisation isn't advancing: in every *war* they kill you in a new way.

WILL ROGERS

Man kann nicht sagen, die Zivilisation würde keine Fortschritte machen; in jedem Krieg bringen sie sich auf eine neue Art um.

The qickest way of ending a *war* is to lose it.

GEORGE ORWELL

Der schnellste Weg, einen Krieg zu beenden, ist, ihn zu verlieren.

Older man declare *war*. But it is youth who must fight and die.

HERBERT HOOVER

Ältere Männer erklären den Krieg. Aber es ist die Jugend, die kämpfen und sterben muss.

Mankind must put an end to *war*, or war will put an end to mankind.

JOHN F. KENNEDY

Die Menschheit muss dem Krieg ein Ende setzen, oder der Krieg wird der Menschheit ein Ende setzen.

My first wish is to see this plague of mankind, *war*, banished from the earth.

GEORGE WASHINGTON

Mein größter Wunsch ist es, diese Plage der Menschheit – den Krieg – von der Erde verbannt zu sehen.

In *war*, whichever side may call itself the victor, there are no winners, but all are losers.

NEVILLE CHAMBERLAIN

Im Krieg gibt es keine Gewinner, sondern alle sind Verlierer, ganz gleich, welche Seite sich zum Sieger erklären mag.

War is a contagion.

FRANKLIN D. ROOSEVELT

Der Krieg ist eine ansteckende Krankheit.

I do not object to people looking at their *watches* when I am speaking. But I strongly object when they start shaking them to make sure they are still going.

LORD BIRKETT

Es stört mich nicht, wenn Leute auf ihre Armbanduhr schauen, während ich spreche. Aber es stört mich sehr, wenn sie anfangen, sie zu schütteln, um sich zu versichern, dass sie noch geht.

Waters taken in moderation cannot hurt anybody.

MARK TWAIN

Wasser, in Maßen zu sich genommen, schadet niemandem.

Though I'm grateful to the blessing of *wealth,* it hasn't changed who I am. My feet are still on the ground. I'm just wearing better shoes.

OPRAH WINFREY

Obwohl ich für den Segen des Reichtums dankbar bin, hat er mich nicht verändert. Ich stehe immer noch mit beiden Beinen auf der Erde. Ich trage nur bessere Schuhe.

I am proud of the fact that I never invented *weapons* to kill.

THOMAS ALVA EDISON

Ich bin stolz auf die Tatsache, dass ich keine Waffen erfunden habe, mit denen man tötet.

Sunshine is delicious, rain is refreshing, wind braces up, and snow is exhilarating; there is no such thing as bad weather, only different kinds of good *weather*.

John Ruskin

Sonnenschein ist herrlich, Regen erfrischend, der Wind stärkt, und der Schnee ist berauschend; es gibt kein schlechtes Wetter, nur verschiedene Arten von gutem Wetter.

'Tis more blessed to give than to receive; for example, *wedding presents*.

H. L. Mencken

Geben ist seliger denn nehmen: zum Beispiel Hochzeitsgeschenke.

The *white race* is the cancer of human history.

Susan Sontag

Die weiße Rasse ist der Krebs der Menschheitsgeschichte.

My notion of a *wife* at 40 is that a man should be able to change her, like a bank note, for two 20s.

Warren Beatty

Meine Vorstellung von einer Ehefrau von 40: Man sollte sie wie Banknoten in zwei Zwanziger einwechseln können.

If you are not big enough to lose, you are not big enough to *win*.

WALTER REUTHER

Wenn man nicht genug Größe hat, zu verlieren, hat man auch nicht Größe genug zu gewinnen.

Knowledge speaks, but *wisdom* listens.

JIMI HENDRIX

Das Wissen spricht, aber die Weisheit hört zu.

It requires *wisdom* to understand wisdom; the music is nothing if the audience is deaf.

WALTER LIPPMANN

Man braucht Weisheit, um Weisheit zu verstehen; die Musik ist nichts, wenn das Publikum taub ist.

Knowledge comes, but *wisdom* lingers.

ALFRED, LORD TENNYSON

Das Wissen kommt, die Weisheit bleibt.

Morality is temporary, *wisdom* is permanent.

HUNTER S. THOMPSON

Moral ist vorübergehend, Weisheit ist beständig.

Let me smile with the *wise*, and feed with the rich.

SAMUEL JOHNSON

Lasst mich mit den Weisen lächeln und mit den Reichen speisen.

Colors fade, temples crumble, empires fall, but *wise* words endure.

EDWARD THORNDIKE

Farben verblassen, Tempel zerbröckeln, Reiche zerfallen, aber weise Worte haben Bestand.

The *wise* speak only of what they know.

J. R. R. TOLKIEN

Weise Menschen sprechen nur über das, was sie wissen.

A *wise* man should have money in his head, but not in his heart.

JONATHAN SWIFT

Ein weiser Mann sollte Geld im Kopf haben und nicht in seinem Herzen.

Nothing makes a *woman* more beautiful than the belief that she is beautiful.

SOPHIA LOREN

Nichts macht eine Frau schöner als der Glaube, dass sie schön ist.

If you want something said, ask a man. If you want something done, ask a *woman*.

MARGARET THATCHER

Wenn du willst, dass etwas gesagt wird, wende dich an einen Mann. Wenn du willst, dass etwas getan wird, wende dich an eine Frau.

One should never trust a *woman* who tells one her real age.

OSCAR WILDE

Man sollte nie einer Frau trauen, die ihr wahres Alter verrät.

A man loses his sense of direction after four drinks. A *woman* loses hers after four kisses.

H. L. MENCKEN

Ein Mann verliert seinen Orientierungssinn nach vier Drinks. Eine Frau verliert ihren nach vier Küssen.

A *woman* knows she's wearing the right dress, when her man wants to take it off.

ROBERT PAUL

Eine Frau weiß, dass sie das richtige Kleid trägt, wenn ihr Mann es ihr ausziehen möchte.

It takes a *woman* twenty years to make a man of her son, and another woman twenty minutes to make a fool of him.

HELEN ROWLAND

Eine Frau braucht zwanzig Jahre, um einen Mann aus ihrem Sohn zu machen, und eine andere Frau braucht zwanzig Minuten, um einen Narren aus ihm zu machen.

A *woman* is like a tea bag: you never know how strong she is until she gets in hot water.

ELEANOR ROOSEVELT

Eine Frau ist wie ein Teebeutel – man weiß nie wie stark sie ist, bis sie in heißes Wasser kommt. ('to get in hot water/in heißes Wasser kommen' ist eine engl. Redensart für 'in Teufels Küche kommen')

If God had wanted us to think just with our *wombs*, why did He give us a brain?

CLAIRE BOOTHE LUCE

Wenn Gott es gewollt hätte, dass wir nur mit unserer Gebärmutter denken, warum hat er uns dann ein Gehirn gegeben?

When you see what some *women* marry, you realize how they must hate to work for a living.

HELEN ROWLAND

Wenn man sieht, wen manche Frauen heiraten, wird einem klar, wie sehr sie es hassen müssen, für ihren Lebensunterhalt zu arbeiten..

I'm very fond of *women*; I admire them. But, like all men; I don't understand them.

FRANK SINATRA

Ich habe Frauen sehr gern; ich bewundere sie. Aber, wie alle Männer, verstehe ich sie nicht.

I hate *women* because they always know where things are.

JAMES THURBER

Ich hasse Frauen, weil sie immer wissen, wo sich die Sachen befinden.

The happiest *women*, like the happiest nations, have no history.

GEORGE ELIOT

Die glücklichsten Frauen, wie auch die glücklichsten Nationen, haben keine Vergangenheit.

All *women* become like their mothers. That is their tragedy. No man does. That's his.

OSCAR WILDE

Alle Frauen werden wie ihre Mütter. Das ist ihre Tragödie. Kein Mann tut das. Das ist seine.

Women want mediocre men, and men are working to become as mediocre as possible.

MARGARET MEAD

Frauen wollen mittelmäßige Männer, und die Männer arbeiten daran, so mittelmäßig wie möglich zu werden.

I am not interested in money. I just want to be *wonderful*.

MARILYN MONROE

Ich interessiere mich nicht für Geld. Ich möchte nur wunderbar sein.

Chop your own *wood,* and it will warm you twice.

HENRY FORD

Hacke dein eigenes Holz, und es wird dich doppelt wärmen.

Never use a long *word* where a short one will do.

GEORGE ORWELL

Benutze nie ein langes Wort, wenn ein kurzes ausreicht.

There are no dirty *words,* only dirty minds.

LENNY BRUCE.

Es gibt keine schmutzigen Wörter, nur schmutzige Gedanken.

Words are, of course, the most powerful drug used by mankind.

RUDYARD KIPLING

Natürlich sind Worte die stärkste Droge, die die Menschheit je benutzt hat.

Words, as is well-known, are the great foes of reality.

JOSEPH CONRAD

Wörter sind bekanntlich die größten Feinde der Wirklichkeit.

Here a few of my unpleasant'st *words* that ever blotted paper!

William Shakespeare

Hier stehen einige meiner unerfreulichsten Worte, die je Papier geschwärzt!

With *words* we govern men.

Benjamin Disraeli

Mit Worten lenken wir die Menschen.

My *words* fly up, my thoughts remain below.
Words without thoughts never to heaven go.

William Shakespeare

Meine Worte fliegen hoch, meine Gedanken bleiben zurück: Worte ohne Gedanken gelangen nie in den Himmel.

We should have a great many fewer disputes in the world, if *words* were taken for what they are, the signs of our ideas only, and not for things themselves.

John Locke

Wir hätten weitaus weniger Streitigkeiten in der Welt, wenn man die Wörter als das annehmen würde, was sie sind, nämlich nur als Zeichen unserer Idee und nicht als die Dinge an sich.

If I were a medical man, I should describe a holiday to any patient who considered his *work* important.

BERTRAND RUSSELL

Wenn ich ein Arzt wäre, würde ich jedem Patienten einen Urlaub verschreiben, der seine Arbeit für wichtig hält.

One of the symptoms of an approaching nervous breakdown is the belief that one's *work* is terribly important.

BERTRAND RUSELL

Eines der Symptome eines nahenden Nervenzusammenbruches ist der Glaube, dass die eigene Arbeit außerordentlich wichtig ist.

We believe that if men have the talent to invent new machines that put men out of *work*, they have the talent to put those men back to work.

JOHN F. KENNEDY

Wir glauben, dass, wenn Menschen die Fähigkeit haben, Maschinen zu erfinden, die Menschen arbeitslos machen, sie auch die Fähigkeit hätten, diesen Menschen wieder Arbeit zu geben.

It is not *work* that kills men; it is worry.

HENRY WARD BEECHER

Es ist nicht die Arbeit, die die Menschen umbringt; es ist die Sorge.

It's true hard *work* never killed anybody, but I figure, why take the chance?

RONALD REAGAN

Es ist wahr, dass harte Arbeit noch nie jemanden umgebracht hat. Aber warum das Risiko eingehen?

You cannot be really first-rate at your *work* if your work is all you are.

ANNA QUIDLEN

Du kannst nicht wirklich erstklassig in deiner Arbeit sein, wenn die Arbeit alles ist, was du bist.

Your most precious possession is not your financial assets. Your most precious possession is the people you have *working* there, and what they carry around in their heads, and their ability to work together.

ROBERT REICH

Dein wertvollster Besitz sind nicht deine Finanzanlagen. Dein wertvollster Besitz sind die Menschen, die für dich arbeiten, und das was sie in ihren Köpfen haben, und ihre Fähigkeit, zusammen zu arbeiten.

I found I could add nearly two hours to my *working day* by going to bed for an hour after luncheon.

SIR WINSTON CHURCHILL

Ich habe herausgefunden, dass ich meinem Arbeitstag fast zwei Stunden hinzurechnen könnte, wenn ich nach dem Mittagessen eine Stunde zu Bett gehen würde.

Ours is a *world* of nuclear giants and ethical infants.

OMAR N. BRADLEY

Wir leben in einer Welt nuklearer Riesen und moralischer Kinder.

The *world* is so dreadfully managed, one hardly knows to whom to complain.

A. A. RONALD FIRBANK

Die Welt wird so furchtbar geführt, man weiß kaum, beim wem man sich beschweren soll.

The whole problem with the *world* is that fools and fanatics are always so certain of themselves, but wiser people so full of doubts.

BERTRAND RUSSELL

Das ganze Problem mit unserer Welt ist, dass Narren und Fanatiker immer so von sich überzeugt und weisere Menschen voller Zweifel sind.

The *world* is a perpetual caricature of itself.

GEORGE SANTAYANA

Die Welt ist eine ständige Karikatur ihrer sebst.

Maybe this *world* is another planet's Hell.

ALDOUS HUXLEY

Vielleicht ist diese Welt die Hölle eines anderen Planeten.

O brave new *world*, that has such people in't.

William Shakespeare

O schöne neue Welt, die solche Leute beherbergt.

The *world* is a stage, but the play is badly cast.

Oscar Wilde

Die Welt ist eine Bühne, aber das Stück ist schlecht besetzt.

The trouble with the *world* is that the stupid are cocksure and the intelligent full of doubt.

Bertrand Russell

Das Problem mit der Welt ist, dass die Dummen sich ihrer Sache so sicher und die Intelligenten voller Zweifel sind.

So long as men *worship* Caesars and Napoleons, Caesars and Napoleons will duly arise and make them miserable.

Aldous Huxley

Solange die Menschheit Caesaren und Napoleone verehrt, werden Caesaren und Napoleone mit Sicherheit aufsteigen und Elend über sie bringen.

The *worst* is not, so long as we can say, "This is the worst".

William Shakespeare

Das Schlimmste ist noch nicht eingetreten, solange wir sagen können, „Dies ist das Schlimmste".

The tygers of *wrath* are wiser than the horses of instruction.

William Blake

Die Tiger des Zorns sind klüger als die Pferde der Unterweisung.

If I don't *write* to empty my mind, I go mad.

Lord Byron

Wenn ich nicht schreibe, um meinen Geist zu entleeren, werde ich verrückt.

I wish I could *write* as mysterious as a cat.

Edgar Allen Poe

Ich wünschte, ich könnte so geheimnisvoll wie eine Katze schreiben.

Writing is not necessarily something to be ashamed of, but do itin private and wash your hands afterwards.

Robert Heinlein

Das Schreiben ist nicht unbedingt eine Sache, derer man sich schämen muss, aber tu' es nicht in der Öffentlichkeit und wasch' dir danach die Hände.

It took me fifteen years to discover that I had no talent for *writing*, but I couldn't give it up because by that time I was too famous.

ROBERT BENCHLEY

Ich brauchte fünfzehn Jahre, um festzustellen, dass ich kein Talent fürs Schreiben habe, aber ich konnte es nicht aufgeben, weil ich zu dieser Zeit schon zu berühmt war.

What is *written* without effort is in general read without pleasure.

SAMUEL JOHNSON

Was ohne Anstrengung geschrieben wurde, wird im Allgemeinen ohne Freude gelesen.

Y

Alas! Poor *Yorick*. I knew him, Horatio.

WILLIAM SHAKESPEARE

Ach, armer Yorick. Ich kannte ihn, Horatio.

Youth is a blunder; Manhood a struggle; Old age a regret.

BENJAMIN DISRAELI

Die Jugend ist ein grober Fehler; das Mannesalter ein Kampf; das Greisenalter ein Bedauern.

Youth would be an ideal state if it came a little later in life.

H. H. ASQUITH

Die Jugend wäre ein idealer Zustand, wenn sie etwas später im Leben kommen würde.

He wears the rose of *youth* upon him.

WILLIAM SHAKESPEARE

Er trägt die Rose der Jugend.

It is an illusion that *youth* is happy; an illusion of those who have lost it.

W. Somerset Maugham

Es ist eine Illusion zu glauben, dass die Jugend glücklich ist – eine Illusion derer, die sie verloren haben.

Schlagworte englisch–deutsch

A

B

C

J

K

L

N

O

Q

R

S

T

Schlagworte deutsch–englisch

A

D

E

G

J

K

M

N

O

P

S

T

W

Autoren

KAREEM ABDUL-JABBAR (*1947)
Amerikanischer Basketballspieler

DOUGLAS ADAMS (1951–2001)
Englischer Schriftsteller

HENRY ADAMS (1838–1918)
Amerikanischer Schriftsteller

JOEY ADAMS (*1968)
Amerikanische Schauspielerin

JOSEPH ADDISON (1672–1719)
Englischer Dichter

MUHAMMAD ALI (*1942)
Amerikanischer Boxer

FRED ALLEN (1894–1956)
Amerikanischer Komödiant und Radiomoderator

WOODY ALLEN (*1935)
Amerikanischer Schauspieler, Filmregisseur und Schriftsteller

LISA ALTHER (*1944)
Amerikanische Schriftstellerin

NEIL ARMSTRONG (*1930)
Amerikanischer Astronaut und erster Mensch auf dem Mond

MATTHEW ARNOLD (1822–1888)
Englischer Dichter, Essayist und Kritiker

MARY KAY ASH (1915–2001)
Amerikanische Geschäftsfrau

ISAAC ASIMOV (1920–1992)
Amerikanischer Biochemiker und Schriftsteller

H. H. ASQUITH (1908–1916)
Britischer Premierminister von 1908–1916

CLEMENT ATTLEE (1883–1967)
Britischer Premierminister (1945–1951)

W. H. AUDEN (1907–1973)
Britisch-amerikanischer Dichter

JANE AUSTEN (1775–1817)
Englische Schriftstellerin

JIM BACKUS (1913–1989)
Amerikanischer Schauspieler

FRANCIS BACON (1561–1626)
Englischer Politiker und Philosoph

RUSSEL BAKER (*1925)
Amerikanischer Journalist

JAMES BALDWIN (1924–1987)
Amerikanischer Schriftsteller

ARTHUR JAMES BALFOUR (1848–1930)
Britischer Premierminister von 1902–1905

TALLUAH BANKHEAD (1903–1968)
Amerikanische Schauspielerin

DAVE BARRY (*1947)
Amerikanischer Humorist und Schriftsteller

JOHN BARRYMORE (1882–1942)
Amerikanischer Schriftsteller

BERNARD M. BARUCH (1870–1965)
Amerikanischer Geschäftsmann und Politiker

CECIL BEATON (1904–1980)
Englischer Mode- und Porträtphotograph

WARREN BEATTY (*1937)
Amerikanischer Schauspieler und Produzent

SAMUEL BECKETT (1906–1989)
Irischer Schriftsteller und Nobelpreisträger

HENRY WARD BEECHER (1813–1887)
Amerikanischer Kleriker

LYMAN BEECHER (1775–1865)
Amerikanischer Kleriker

BRENDAN BEHAN (1923–1964)
Irischer Dramatiker

ROBERT BENCHLEY (1889–1945)
Amerikanischer Humorist

JEREMY BENTHAM (1748–1832)
Englischer Jurist und Philosoph

ERIC BERNE (1910–1970)
Kanadisch-amerikanischer Psychologe

Yogi Berra (*1925)
Amerikanischer Baseballspieler und Trainer

Ambrose Bierce (1842–1914)
Amerikanischer Schriftsteller

Josh Billings (1818–1885)
Amerikanischer Humorist

Lord Birkett (1883–1962)
Britischer Richter u. a. am Internationalen Gerichtshof beim Nürnberger Prozess

Jim Bishop (1907–1987)
Amerikanischer Autor

Tony Blair (*1953)
Brtischer Premierminister seit 1994

William Blake (1757–1827)
Englischer Dichter und Maler

Arthur Bloch (*1948)
Amerikanischer Schriftsteller

Allan Bloom (1930–1992)
Amerikanischer Soziologe

Erma Bombeck (1927–1996)
Amerikanische Schriftstellerin

Daniel Boorstin (1914–2004)
Amerikanischer Schriftsteller

Elayne Boosler (*1952)
Amerikanische Komödiantin

Victor Borge (1909–2000)
Dänisch-amerikanischer Komödiant und Pianist

George Borrow (1803–1881)
Englischer Schriftsteller

Elisabeth Bowen (1899–1973)
Irisch-britische Schriftstellerin

Peg Bracken (*1918)
Amerikanische Schriftstellerin

Omar N. Bradley (1893–1981)
Amerikanischer General

Rita Mae Brown (*1944)
Amerikanische Schriftstellerin und Frauenrechtlerin

A. Whitney Brown (*1952)
Amerikanischer Komödiant

ROBERT BROWNING (1812–1889)
Englischer Dichter

DAVE BRUBECK (*1920)
Amerikanischer Jazzpianist

LENNY BRUCE (1925–1966)
Amerikanischer Satiriker

WILLIAM JENNINGS BRYAN (1860–1925)
Amerikanischer Redner und Politiker

CHARLES BUKOWSKI (1920–1994)
Amerikanischer Schriftsteller

EDMUND BURKE (1729–1797)
Irischer Schriftsteller, Staatsphilosoph und Politiker

GEORGE BURNS (1896–1996)
Amerikanischer Schauspieler und Komiker

WILLIAM S. BURROUGHS (1914–1997)
Amerikanischer Schriftsteller

SIR RICHARD F. BURTON (1821–1890)
Englischer Forscher

ROBERT BURTON (1577–1640)
Englischer Schriftsteller und anglikanischer Geistlicher

GEORGE BUSH (*1924)
41. Präsident der USA (1989–1993)

GEORGE W. BUSH (*1946)
43. Präsident der USA (seit 2001)

SAMUEL BUTLER (1835–1902)
Englischer Schriftsteller und Satiriker

ROBERT BYRNE (*1928)
Amerikanischer Schachspieler

LORD BYRON (1788–1824)
Englischer Dichter

THOMAS CAMPBELL (1777–1844)
Schottischer Dichter

TRUMAN CAPOTE (1924–1984)
Amerikanischer Schriftsteller

THOMAS CARLYLE (1795–1881)
Schottischer Historiker und Philosoph

ANDREW CARNEGY (1935–1919)
Amerikanischer Industrieller

LEWIS CARROLL (1832–1898)
Englischer Schriftsteller und Mathematiker

JOHNNY CARSON (1925–2005)
Amerikanischer TV-Showmaster und Entertainer

WILLA CATHER (1873–1947)
Amerikanische Schriftstellerin

NEVILLE CHAMBERLAIN (1869–1940)
Britischer Premierminister (1937–1940)

CHARLIE CHAPLIN (1889–1977)
Englischer Schauspieler und Regisseur

LORD CHESTERFIELD (1694–1773)
Englischer Schriftsteller und Politiker

G. K. CHESTERTON (1874–1936)
Englischer Schriftsteller und Kritiker

AGATHA CHRISTIE (1890–1976)
Englische Schriftstellerin

SIR WINSTON CHURCHILL (1874–1965)
Englischer Premierminister (1940–1945, 1951–1955)

ARTHUR C. CLARKE (*1917)
Englischer Science-Fiction-Autor

ELDRIDGE CLEAVER (1935–1998)
22. und 24. Präsident der USA(1885–1889, 1893–1897)

BILL CLINTON (*1943)
42. Präsident der USA (1993–2001)

SAMUEL TAYLOR COLERIDGE (1772–1834)
Englicher Dichter und Philosoph

JOSEPH CONRAD (1857–1924)
Polnisch-englischer Schriftsteller

RICH COOK (*1944)
Amerikanischer Schriftsteller

CALVIN COOLIDGE (1872–1933)
30. Präsident der USA (1923–1929)

JAMES FENIMORE COOPER (1789–1851)
Amerikanischer Schriftsteller

MARIE CORELLI (1855–1924)
Englische Schriftstellerin

BILL COSBY (*1937)
Amerikanischer Schauspieler

CHARLES DARWIN (1809–1882)
Englischer Naturwissenschaftler

ROBERTSON DAVIES (1913–1996)
Kanadischer Schriftsteller

MILES DAVIS (1926–1991)
Amerikanischer Jazzmusiker

DANIEL DEFOE (1660–1731)
Englischer Schriftsteller

CHARLES DICKENS (1812–1870)
Englischer Schriftsteller

EMILY DICKINSON (1830–1886)
Amerikanische Dichterin

PHYLLIS DILLER (*1917)
Amerikanische Schriftstellerin

WALT DISNEY (1901–1966)
Amerikanischer Cartoonist und Filmemacher

BENJAMIN DISRAELI (1804–1881)
Britischer Premierminister (1867, 1874–1880) und Schriftsteller

J. FRANK DOBIE (1888–1964)
Amerikanischer Autor

KEN DODD (*1921)
Englischer Sänger, Schauspieler und Entertainer

J. P. DONLEAVY (*1926)
Amerikanischer Schriftsteller

HILDA DOOLITTLE (1886–1961)
Amerikanische Dichterin

NORMAN DOUGLAS (1868–1952)
Schottischer Schriftsteller

SIR ARTHUR CONAN DOYLE (1859–1930)
Englischer Schriftsteller und Arzt

PETER F. DRUCKER (1909–2005)
Amerikanischer Wirtschaftswissenschaftler und Autor

JOHN DRYDEN (1631–1700)
Englischer Dichter und Dramatiker

WILLIAM DURANT (1885–1981)
Amerikanischer Philosoph und Schriftsteller

LAWRENCE DURRELL (1912–1990)
Indisch-englischer Schriftsteller

Thomas Alva Edison (1847–1931)
Amerikanischer Erfinder

Edward VIII. (1894–1972)
König von Großbritannien und Nordirland

Albert Einstein (1879–1955)
Deutsch-schweizerisch-amerikanischer Physiker

Dwight D. Eisenhower (1890–1969)
Amerikanischer General und Politiker

George Eliot (eigentlich: Mary Ann Evans) (1819–1880)
Englische Schriftstellerin

Elizabeth I. (1533–1603)
Königin von England und Irland

Ralph Waldo Emerson (1803–1882)
Amerikanischer Philosoph und Dichter

Nora Ephron (*1941)
Amerikanische Drehbuchautorin und Filmregisseurin

William Feather (1908–1976)
Amerikanischer Werbefachmann

Henry Fielding (1707–1754)
Englischer Schriftsteller

W. C. Fields (1880–1946)
Amerikanischer Schauspieler

A. A. Ronlad Firbank (1886–1926)
Englischer Schriftsteller

F. Scott Fitzgerald (1896–1940)
Amerikanischer Schriftsteller

Ian Fleming (1908–1964)
Englischer Schriftsteller

John Fletcher (1579–1625) und Francis Beaumont (1584–1616)
Englische Dramatiker

Jane Fonda (*1937)
Amerikanische Schauspielerin

Gerald Ford (1913–2006)
38. Präsident der USA (1974–1977)

Henry Ford (1863–1947)
Amerikanischer Industrieller und Gründer der Ford Motor Company

JOHN FORD (1895–1937)
Amerikanischer Regisseur

BENJAMIN FRANKLIN (1706–1790)
Amerikanischer Politiker

DAVID D. FRIEDMAN (*1945)
Amerikanischer Professor für Rechtswissenschaften

ROBERT FRIPP (*1946)
Amerikanischer Gitarrist und Komponist

DAVID FROST (*1939)
Englischer TV-Showmaster

ROBERT FROST (1875–1963)
Amerikanischer Dichter

JAMES A. FROUDE (1818–1894)
Englischer Historiker

ROBERT FULGHUM (*1937)
Amerikanischer Autor

MARGARET FULLER (1810–1850)
Amerikanische Autorin

THOMAS FULLER D. Ä. (1608–1661)
Englischer Historiker

THOMAS FULLER D. J. (1654–1734)
Englischer Arzt und Schriftsteller

CLARK GABLE (1901–1960)
Amerikanischer Schauspieler

ZSA ZSA GABOR (*1917)
Ungarisch-amerikanische Schauspielerin

J. K. GALBRAITH (1908–2006)
Amerikanischer Ökonom und Sozialkritiker

GEORGE GALLUP (1901–1984)
Amerikanischer Statistiker und Meinungsforscher

JUDY GARLAND (1922–1969)
Amerikanische Schauspielerin und Sängerin

BILL GATES (*1955)
Amerikanischer Geschäftsmann und Gründer der Firma Microsoft

CLIFFORD GEERTZ (1926–2006)
Amerikanischer Ethnologe

DAVID LLOYD GEORGE (1863–1945)
Britischer Premierminister (1916–1922)

Henry George (1839–1897)
Amerikanischer Ökonom

J. Paul Getty (1892–1976)
Amerikanischer Öl-Milliardär

George Gilder (*1939)
Amerikanischer Intellektueller

Allen Ginsberg (1926–1997)
Amerikanischer Schriftsteller

Natalie Goldberg (*1948)
Amerikanische Autorin

William Golding (1901–1993)
Britischer Schriftsteller

Samuel Goldwyn (1879–1974)
Polnisch-amerikanischer Filmproduzent

Nadine Gordimer (*1923)
Südafrikanische Schriftstellerin

Sue Grafton (*1940)
Amerikanische Schriftstellerin

Robert Graves (1895–1985)
Englischer Dichter

Celia Green (*1935)
Englische Intellektuelle und Autorin

Robert K. Greenleaf (1904–1990)
Amerikanischer Organisationsforscher

Lord Halifax (1881–1959)
Englischer Politiker

John Hancock (1737–1793)
Amerikanischer Politiker

John O'Hara (1905–1970)
Amerikanischer Schauspieler

Thomas Hardy (1840–1928)
Englischer Dichter

Sidney Harris (1917–1986)
Amerikanischer Journalist

Mitch Hedberg (1968–2005)
Amerikanischer Komödiant

Robert Heinlein (1907–1988)
Amerikanischer Schriftsteller

Ernest Hemingway (1899–1961)
Amerikanischer Schriftsteller

Jimi Hendrix (1942–1970)
Amerikanischer Gitarrist, Sänger und Komponist

Katharine Hepburn (1907–2003)
Amerikanische Schauspielerin

George Herbert(1593–1633)
Englischer Kleriker und Schriftsteller

John Herschel (1792–1871)
Englischer Mathematiker und Astronom

Alfred Hitchcock (1899–1980)
Britisch-amerikanischer Regisseur und Filmproduzent

Eric Hoffer (1902–1983)
Amerikanischer Philosoph

Nicole Hollander (*1939)
Amerikanische Cartoonistin und Malerin

Herbert Hoover (1874–1964)
31. Präsident der USA (1929–1932)

Bob Hope (1903–2003)
Britisch-amerikanischer Schauspieler

E. W. Howe (1853–1937)
Amerikanischer Journalist

Elbert G. Hubbard (1856–1915)
Amerikanischer Schriftsteller

Hubert H. Humphrey (1911–1978)
Amerikanischer Politiker

Aldous Huxley (1894–1963)
Britischer Schriftsteller

Thomas Henry Huxley (1825–1895)
Englischer Biologe

William Ralph Inge (1860–1954)
Englischer Schriftsteller

Robert G. Ingersoll (1833–1899)
Amerikanischer Politiker und Jurist

Jesse Jackson (*1941)
Amerikanischer Bürgerrechtler

William James (1842–1910)
Amerikanischer Philosoph und Psychologe

Thomas Jefferson (1743–1826)
3. Präsident der USA (1801–1809)
Jerome K. Jerome (1859–1927)
Englischer Autor
Ben Johnson (*1961)
Jamaikanisch-kanadischer Leichtathlet
Lyndon B. Johnson (1908–1973)
36. Präsident der USA (1963–1963)
Phillip Johnson (1906–2005)
Amerikanischer Architekt
Samuel Johnson (1709–1784)
Englischer Lexikograph, Schriftsteller und Kritiker
Erica Jong (*1942)
Amerikanische Schriftstellerin
Alan Kay (*1940)
Amerikanischer Wissenschaftler
John Keats (1795–1821)
Englischer Dichter
Helen Keller (1880–1968)
Amerikanische Schriftstellerin
John F. Kennedy (1917–1963)
35. Präsident der USA
Charles Kettering (1876–1958)
Amerikanischer Wissenschaftler
John Maynard Keynes (1883–1946)
Englischer Ökonom
Alan King (1927–2004)
Amerikanischer Schauspieler
Basil King (1859–1928)
Kanadisch-amerikanischer Kleriker
Charlie King (1899–1975)
Amerikanischer Musiker
Martin Luther King, Jr. (1929–1968)
Amerikanischer Geistlicher und Bürgerrechtler
Rudyard Kipling (1865–1936)
Englischer Schriftsteller
Henry Kissinger (*1923)
Deutsch-amerikanischer Politiker und Diplomat

RONALD KNOX (1988–1957)
Englischer Theologe und Autor

STANLEY KUBRICK (1928–1999)
Amerikanischer Regisseur und Produzent

MAGGIE KUHN (1905–1995)
Amerikanische Aktivistin

CHARLES LAMB (1775–1834)
Englischer Essayist

VERNON SANDERS LAW (*1930)
Amerikanischer Baseballspieler

URSULA K. LE GUIN (*1929)
Amerikanische Schriftstellerin

FRAN LEBOWITZ (*1950)
Amerikanische Journalistin

STAN LEE (*1922)
Amerikanischer Comicautor

JOHN LENNON (1940–1980)
Englischer Popmusiker und Mitglied der Beatles

LORD LEVERHULME (1851–1925)
Britischer Industrieller

JOSEPH E. LEVINE (1905–1987)
Amerikanischer Filmproduzent

SINCLAIR LEWIS (1885–1951)
Amerikanischer Schriftsteller

ABRAHAM LINCOLN (1809–1865)
16. Präsident der USA (1861–1865)

WALTER LIPPMANN (1889–1974)
Amerikanischer Schriftsteller und Journalist

FRANK LLOYD (1887–1960)
Amerikanischer Regisseur und Filmproduzent

JOHN LOCKE (1632–1704)
Englischer Philosoph

HENRY WADSWORTH LONGFELLOW (1807–1882)
Amerikanischer Schriftsteller

SOPHIA LOREN (*1934)
Italienische Schauspielerin

H. P. LOVECRAFT (1890–1937)
Amerikanischer Schriftsteller

Claire Boothe Luce (1903–1987)
Amerikanische Autorin, Journalistin und Politikerin
Robert Ludlum (1927–2001)
Amerikanischer Schriftsteller
Douglas MacArthur(1880–1964)
Amerikanischer General
Rose Macauley (1881–1958)
Englische Schriftstellerin
Shirley MacLaine (*1934)
Amerikanische Schauspielerin und Sängerin
Archibald MacLeish (1892–1982)
Amerikanischer Dichter und Dramatiker
Malcolm X (1925–1965)
Amerikanischer Bürgerrechtler
Nelson Mandela (*1918)
Südafrikanischer Bürgerrechtler, Präsident der Republik Südafrika (1994–1999)
Horace Mann (1796–1859)
Amerikanischer Lehrreformer
Jeff Marder (*1954)
Amerikanischer Schauspieler
Judith Martin (*1938)
Amerikanische Journalistin und Autorin
Steve Martin (*1945)
Amerikanischer Schauspieler
Groucho Marx (1890–1977)
Amerikanischer Komödiant
Walter Matthau (1920–2000)
Amerikanischer Schauspieler
W. Somerset Maugham (1874–1965)
Englischer Dramatiker und Schriftsteller
Elsa Maxwell (1883–1963)
Amerikanische Klatschkolumnistin
Eugene McCarthy (1916–2005)
Amerikanischer Politiker
Mary McCarthy (1912–1989)
Amerikanische Schriftstellerin
Colleen McCullogh (*1937)
Australische Neurophysikerin und Schriftstellerin

Phyllis McGinley (1905–1978)
Amerikanische Dichterin

Mignon McLaughlin (1913–1983)
Amerikanische Journalistin und Autorin

Marshal McLuhan (1911–1980)
Kanadischer Kulturhistoriker

Peter McWilliams (1949–2000)
Amerikanischer Schriftsteller

Marya Mannes (1904–1990)
Amerikanische Journalistin und Schriftstellerin

Francis Marion (1732–1795)
Amerikanischer Offizier

Margaret Mead (1901–1978)
Amerikanische Anthropologin und Ethnologin

Golda Meir (1898–1978)
Israelische Politikerin

H. L. Mencken (1880–1956)
Amerikanischer Essayist und Kritiker

Bette Midler (*1945)
Amerikanische Schauspielerin und Sängerin

John Stuart Mill (1806–1873)
Englischer Philosoph und Ökonom

Dennis Miller (*1953)
Amerikanischer Komödiant

Henry Miller (1891–1980)
Amerikanischer Schriftsteller

Spike Milligan (1918–2002)
Irischer Schauspieler und Autor

A. A. Milne (1882–1956)
Englischer Schriftsteller

Marvin Lee Minsky (*1927)
Amerikanischer Forscher

Margaret Mitchell (1900–1949)
Amerikanische Schriftstellerin

Wilson Mizner (1876–1933)
Amerikanischer Dramatiker und Forscher

Marilyn Monroe (1926–1962)
Amerikanische Schauspielerin

Lady Mary Wortley Montagu (1689–1762)
Englische Schriftstellerin

Patrick Moore (*1923)
Englischer Astronom

Christopher Morley (1890–1957)
Amerikanischer Dichter

John Morley (1838–1923)
Englischer Politiker und Schriftsteller

Desmond Morris (*1928)
Englischer Zoologe und Verhaltensforscher

Lewis Mumford (1895–1990)
Amerikanischer Autor und Schriftsteller

Rupert Murdoch (*1931)
Australischer Medienunternehmer

Eddie Murphy (*1961)
Amerikanischer Schauspieler

Ogden Nash (1902–1971)
Amerikanischer Poet

Paul Newman (*1925)
Amerikanischer Schauspieler

Sir Isaac Newton (1643–1727)
Englischer Physiker, Philosoph und Mathematiker

Olivia Newton-John (*1948)
Britische Sängerin

Eric Nicol (*1919)
Kanadischer Humorist und Autor

Larry Niven (*1938)
Amerikanischer Autor

Richard Nixon (1913–1994)
37. Präsident der USA (1969–1974)

George Orwell (1903–1950)
Englischer Schriftsteller

Sir William Osler (1849–1919)
Kanadisch-britischer Physiker

Thomas Paine (1737–1809)
Englisch-amerikanischer Politiker und Autor

Charlie Parker (1920–1955)
Amerikanischer Jazzmusiker

DOROTHY PARKER (1893–1967)
Amerikanische Schriftstellerin

THEODORE PARKER (1810–1860)
Amerikanischer Kleriker

DOLLY PARTON (*1946)
Amerikanische Sängerin

GEORGE PATTON (1885–1945)
Amerikanischer General

ROBERT PAUL (*1937)
Kanadischer Eiskunstläufer

LINUS PAULING (1901–1994)
Amerikanischer Chemiker

NORMAN VINCENT PEALE (1898–1993)
Amerikanischer Kleriker

MARYON PEARSON (1901–1989)
Kanadische Presidentengattin

M. SCOTT PECK (1936–2005)
Amerikanischer Psychiater

PELE (*1940)
Brasilianischer Fußballspieler

J.C. PENNEY (1875–1971)
Amerikanischer Unternehmer

BOB PHILLIPS (*1945)
Amerikanischer Dichter

WENDELL PHILLIPS (1811–1884)
Amerikanischer Sklavereigegner

SYLVIA PLATH (1932–1963)
Amerikanische Lyrikerin und Schriftstellerin

EDGAR ALLEN POE (1809–1849)
Amerikanischer Schriftsteller und Dichter

ALEXANDER POPE (1688–1744)
Englischer Dichter und Satiriker

ENOCH POWELL (1912–1998)
Britischer Politiker

GEORGE D. PRENTICE (1802–1870)
Amerikanischer Journalist

V. S. PRITCHETT (1900–1997)
Britischer Schriftsteller und Kritiker

NIDO QUBEIN (*1948)
Amerikanischer Unternehmer

ANNA QUIDLEN (*1952)
Amerikanische Journalistin

JOSIAH QUINCY (1859–1919)
Amerikanischer Politiker

DIANE RAVITCH (*1938)
Amerikanische Wissenschaftlerin

RONALD REAGAN (1911–2004)
40. Präsident der USA (1981–1989)

ROBERT REDFORD (*1936)
Amerikanischer Schauspieler

THOMAS B. REED (1839–1902)
Amerikanischer Politiker

ROBERT REICH (*1946)
Amerikanischer Politiker

JAMES RESTON (1909–1995)
Amerikanischer Journalist

WALTER REUTHER (1907–1970)
Amerikanischer Gewerkschaftsführer

SAMUEL RICHARDSON (1689–1761)
Englischer Schriftsteller

HYMAN RICKOVER (1900–1986)
Amerikanischer General

DAVID RIESMAN (1909–2002)
Amerikanischer Soziologe

JOAN RIVERS (*1933)
Amerikanische Komödiantin

TOM ROBBINS (*1936)
Amerikanischer Autor

JACKIE ROBINSON (1919–1972)
Amerikanischer Baseballspieler

JEFFREY ROBINSON (*1945)
Amerikanisch-britischer Schriftsteller

JOHN D. ROCKEFELLER (1839–1937)
Amerikanischer Industrieller

NELSON A. ROCKEFELLER (1908–1979)
Amerikanischer Politiker und Geschäftsmann

THEODORE ROETHKE (1908–1963)
Amerikanischer Dichter

WILL ROGERS (1879–1935)
Amerikanischer Komiker und Entertainer

ANDY ROONEY (*1919)
Amerikanischer Moderator

ELEANOR ROOSEVELT (1884–1962)
Amerikanische UN-Diplomatin

FRANKLIN D. ROOSEVELT (1882–1945)
32. Präsident der USA (1933–1945)

THEODORE ROOSEVELT (1858–1919)
26. Präsident der USA (1901–1909)

HELEN ROWLAND (1875–1950)
Amerikanische Journalistin

J. K. ROWLING (*1965)
Englische Schriftstellerin

HENRY ROYCE (1863–1933)
Mitbegründer der Firma Rolls-Royce

THEODORE I. RUBIN (*1923)
Amerikanischer Psychiater und Autor

RITA RUDNER (*1956)
Amerikanische Komödiantin

DONALD H. RUMSFELD (*1932)
Amerikanischer Politiker

JOHN RUSKIN (1819–1900)
Englischer Schriftsteller und Maler

BERTRAND RUSSELL (1872–1970)
Britischer Philosoph und Mathematiker

DAVID RUSSELL (*1958)
Amerikanischer Regisseur

MARK RUSSELL (*1932)
Amerikanischer Komödiant

WILLIAM SAFIRE (*1929)
Amerikanischer Autor

LORD SALISBURY (1830–1903)
Britischer Premierminister (1895–1902)

GEORGE SAND (1804–1876)
Englische Schriftstellerin

George Santayana (1863–1962)
Spanisch-amerikanischer Philosoph und Kritiker

Patricia Schroeder (*1940)
Amerikanische Politikerin

Charles M. Schulz (1922–2000)
Amerikanischer Cartoonist und Erfinder der Peanuts

Charles M. Schwab (1862–1939)
Amerikanischer Industrieller

Arnold Schwarzenegger (*1947)
Österreichisch-amerikanischer Schauspieler und Politiker

Erich Segal (*1937)
Amerikanischer Literaturwissenschaftler

George Sewell (*1924)
Englischer Schauspieler

William Shakespeare (1564–1616)
Englischer Dramatiker und Dichter

Bill Shankly (1913–1981)
Englischer Fußballtrainer

George Bernard Shaw (1856–1950)
Irischer Dramatiker und Kritiker

Gail Sheehy (*1937)
Amerikanische Schriftstellerin

P. B. Shelley (1792–1822)
Englischer Dichter

Philip Sheridan (1831–1888)
Amerikanischer Offizier

Robert J. Shiller (*1946)
Amerikanischer Wirtschaftswissenschaftler

Neil Simon (*1927)
Amerikanischer Dramatiker

Frank Sinatra (1915–1998)
Amerikanischer Sänger und Schauspieler

Edith Sitwell (1887–1964)
Britische Dichterin

B. F. Skinner (1904–1990)
Amerikanischer Psychologe

John Sladek (1937–2000)
Amerikanischer Schriftsteller

YAKOV SMIRNOFF (*1951)
Ukrainisch-amerikanischer Komiker und Maler

ADAM SMITH (1723–1790)
Schottischer Philosoph und Wirtschaftswissenschaftler

LOGAN PEARSALL SMITH (1865–1946)
Amerikanisch-englischer Essayist

C. P. SNOW (1905–1980)
Englischer Wissenschaftler und Schriftsteller

SUSAN SONTAG (1933–2004)
Amerikanische Schriftstellerin und Regisseurin

THOMAS SOWELL (*1930)
Amerikanischer Ökonom

HERBERT SPENCER (1820–1903)
Englischer Philosoph

EDMUND SPENSER (1552–1599)
Englischer Dichter

BENJAMIN SPOCK (1903–1998)
Amerikanischer Mediziner

GERTRUDE STEIN (1874–1946)
Amerikanische Schriftstellerin

JOHN STEINBECK (1902–1968)
Amerikanischer Schriftsteller

GLORIA STEINEM (*1934)
Amerikanische Feministin

CHARLES P. STEINMETZ (1865–1923)
Deutsch-amerikanischer Elektroingenieur

ISAAC STERN (1920–2001)
Ukrainisch-amerikanischer Violinist

WALLACE STEVENS (1879–1955)
Amerikanischer Dichter

ADLAI STEVENSON (1900–1968)
Amerikanischer Politiker

ROBERT LOUIS STEVENSON (1850–1894)
Schottischer Dichter

EDITH SITWELL (1887–1964)
Britische Dichterin

SHARON STONE (*1958)
Amerikanische Schauspielerin

TOM STOPPARD (*1937)
Britischer Dramatiker

MERYL STREEP (*1949)
Amerikanische Schauspielerin

JONATHAN SWIFT (1667–1745)
Irischer Schriftsteller und Satiriker

AMY TAN (*1952)
Amerikanische Schriftstellerin

QUENTIN TARANTINO (*1963)
Amerikanischer Regisseur

BERT LESTER TAYLOR (1866–1921)
Amerikanischer Dichter

JEREMY TAYLOR (1613–1667)
Englischer Geistlicher

ALFRED, LORD TENNYSON (1809–1892)
Englischer Dichter

MARGARET THATCHER (*1925)
Britische Premierministerin (1979–1990)

CELIA THAXTER (1835–1894)
Amerikanische Dichterin

CLARENCE THOMAS (*1948)
Amerikanischer Jurist

TERRY THOMAS (1911–1990)
Britischer Schauspieler

HUNTER S. THOMPSON (1939–2005)
Amerikanischer Journalist

HENRY DAVID THOREAU (1817–1862)
Amerikanischer Philosoph

EDWARD THORNDIKE (1874–1949)
Amerikanischer Psychologe

JAMES THORPE (1888–1953)
Amerikanischer Athlet

JAMES THURBER (1894–1961)
Amerikanischer Autor und Cartoonist

PAUL TILLICH (1886–1965)
Deutsch-amerikanischer Theologe

JOHN TILLOTSON (1630–1694)
Englischer Geistlicher

Alvin Toffler (*1928)
Amerikanischer Schriftsteller

J. R. R. Tolkien (1892–1973)
Südafrikanisch-britischer Schriftsteller und Sprachwissenschaftler

Lily Tomlin (*1936)
Amerikanische Schauspielerin

Pete Townshend (*1945)
Englischer Musiker

Arnold Toynbee (1889–1975)
Britischer Kulturtheoretiker

G. M. Trevelyan (1876–1962)
Englischer Historiker

Calvin Trillin (*1935)
Amerikanischer Journalist

Harry S. Truman (1884–1972)
33. Präsident der USA (1945–1953)

Henry Theodore Tuckerman (1813–1871)
Amerikanischer Essayist

Ted Turner (*1938)
Amerikanischer Medienunternehmer

Tina Turner (*1939)
Amerikanische Sängerin und Schauspielerin

Mark Twain (1935–1910)
Amerikanischer Schriftsteller

Kenneth Tynan (1927–1980)
Britischer Theaterkritiker und Autor

Samuel Ullmann (1840–1924)
Deutsch-amerikanischer Geschäftsmann und Dichter

John Updike (*1932)
Amerikanischer Schriftsteller

Sir Peter Ustinov (1921–2004)
Englischer Schriftsteller

Gore Vidal (*1925)
Amerikanischer Schriftsteller

Kurt Vonnegut (*1922)
Amerikanischer Schriftsteller

George Washington (1732–1799)
1.Präsident der USA (1789–1797)

Chaim Weizmann (1874–1952)
1. Präsident Israels (1949–1952)

Orson Welles (1915–1985)
Amerikanischer Schauspieler und Regisseur

H. G. Wells (1866–1946)
Englischer Schriftsteller

Mae West (1893–1980)
Amerikanische Schauspielerin

Rebecca West (1892–1983)
Irisch-britische Schriftstellerin

Edith Wharton (1862–1937)
Amerikanische Romanautorin

E. B. White (1899–1985)
Amerikanischer Schriftsteller

Alfred North Whitehead (1861–1947)
Englisch-amerikanischer Mathematiker

Paul Whiteman (1891–1967)
Amerikanischer Orchesterleiter

Elie Wiesel (*1928)
Rumänisch-amerikanischer Schriftsteller

Oscar Wilde (1856–1900)
Irisch-englischer Schriftsteller

Thornton Wilder (1897–1975)
Amerikanischer Schriftsteller

Tennessee Williams (1911–1983)
Amerikanischer Dramatiker

Harold Wilson (1916–1995)
Britischer Premierminister (1964–1970, 1974–1976)

Oprah Winfrey (*1954)
Amerikanische Moderatorin, Schauspielerin und Produzentin

Virginia Woolf (1882–1941)
Englische Schriftstellerin

Frank Lloyd Wright (1869–1959)
Amerikanischer Architekt

Richard Wright (1908–1960)
Amerikanischer Schriftsteller

Steven Wright (*1955)
Amerikanischer Komödiant

WILLIAM WRIGLEY JR. (1861–1932)
Amerikanischer Industrieller

WILLIAM BUTLER YEATES (1865–1939)
Irischer Dichter

EDWARD YOUNG (1683–1765)
Englischer Dichter